当妈妈是一场修行

李银慧 /著

中国致公出版社·北京

图书在版编目(CIP)数据

当妈妈是一场修行 / 李银慧著 .-- 北京：中国致公出版社 ,2024.9.--ISBN 978-7-5145-2257-0

Ⅰ .G78

中国国家版本馆 CIP 数据核字第 202437K1E9 号

当妈妈是一场修行 / 李银慧 著
DANGMAMA SHI YI CHANG XIUXING

出　　版	中国致公出版社
	（北京市朝阳区八里庄西里 100 号住邦 2000 大厦 1 号楼西区 21 层）
发　　行	中国致公出版社（010-66121708）
责任编辑	王福振
责任校对	魏志军
责任印制	史立峰
印　　刷	三河市天润建兴印务有限公司
版　　次	2024 年 9 月第 1 版
印　　次	2024 年 9 月第 1 次印刷
开　　本	710mm×1000mm　1/16
印　　张	13.75
字　　数	211 千字
书　　号	ISBN 978-7-5145-2257-0
定　　价	58.00 元

（版权所有，盗版必究，举报电话：010-82259658）

（如发现印装质量问题，请寄本公司调换，电话：010-82259658）

前 言

Perface

一

当妈妈很不容易。

如果一个女性好朋友突然不联系你了,或者突然辞职了,有两种可能:一是她生娃了;二是她的娃到学龄了,并且刚刚开学了。

一位育儿专家说:"培养儿女不是那么简单的,而是一项长期的、伟大的、充满爱的事业。"

一抱就睡,一放就醒。

孩子小的时候,光打扫卫生、收拾玩具就险些把老腰累断。

沙发一个小时不收拾就乱糟糟的,他甚至爬到冰箱上,像个猴子。

入学后每天四趟接送,各种担心。吃的怎么样,心情怎么样?既担心又上火,神经兮兮,身心俱疲。说出来有人信吗?不就是在家接送个孩子吗?

孩子不爱写作业、偏科。劝别人的时候都云淡风轻:"小孩都这样,长大一点儿就好了。"

换成你的娃高烧39摄氏度两天不退试试?

换成你的娃坐不住、上课小动作不断、成绩倒数试试?

我曾经说孩子快乐就好,我曾经以为自己铠甲加身,后来发现,遇到孩子这个软肋,我还是脆弱到不行。

当我满怀信心地开始家教行动时,发现孩子渐渐长大了,烦恼多了,有了脾气,有了交友的需求,需要自己的空间了。我心里有一些不安,朋友们的集思广益，长辈们的谆谆教导，书上的理论，网上的信息，甚至像乱投医的病人一样，遇到其他妈妈就向人家请教。

当妈妈的哪个不是"神经病"？

二

孩子如愿考入清华大学，邻居都说因为我丈夫是名校博士，我也是名校毕业。可是，说心里话，我不觉得孩子取得好成绩全是因为父母的基因。学习内驱力的唤醒、好的习惯的养成和情商教育更加重要。

我也是第一次当妈妈。

母爱是本能，但并不是每个人天生就会当母亲，大家都是在跌跌撞撞中修行、成长。

好的教育，都是从一个正确的理念开始的，它启发了一个好的教养态度，进而引发了连锁效应，带动了一系列的教育言行，变成了一系列正确的教育举措。这个过程是妈妈成长的过程，也是自我修行的过程。

一位妈妈说，每当孩子不听话时，恨不能打断他的腿；而当他生病时，愿意用自己的生命换他的健康。

有时候我冲孩子发脾气，大吼大叫，还会忍不住动手，全是因为一点儿小事，过后我就会特别后悔。

看到孩子沉甸甸的书包，真心疼他啊。当作业讲八遍他还是不会的时候，当他的眼神流露出"就喜欢你看不惯又干不掉我的样子"的时候，当他挑战我的底线、把我逼得想动手的时候，我都在心里默念：亲生的，亲生的……

这时候，还要让内心的两个自己停止厮打，强颜欢笑：好宝宝，来，这个……

可是，我们有没有反思过这样的问题：

孩子不爱学习，是不是父母也不爱学习？

孩子爱发脾气，是不是父母的脾气也不好？

孩子不够独立，是不是父母管得太多？

孩子爱玩手机，是不是户外玩的机会少？

孩子的所有问题，都是我们自己的照见。

妈妈的一切感触都会通过思维和言行无声地传达给孩子，你心念转向哪里，孩子也会随你的心念转向，久而久之，成为另一个小小的你。妈妈要有自己的兴趣、爱好、独立的人格和经济支撑；把自己的情绪控制好，把格局打开。只有这样，妈妈才有能力为孩子创造一个更大的空间，引领孩子走向更高的平台。

养育孩子没有回头路，没有模板，修炼自己，规范言行，就是无声的教育。

当妈的路上，我们且走且修行。

三

当妈妈是一场修行，艰难又辛酸。当妈的熬的不是夜，是爱。

培养孩子是长期的、艰巨的任务。培养孩子的过程也是父母修行的过程、成长的过程。在这个过程中，我们又年轻了一次，重新活了一次。

我根据自身的育儿经历，结合多年的家庭教育咨询工作经验，以第一人称的方式，讲述了妈妈从自身学习，到对孩子的鼓励、引导、尊重、学习，以及建立孩子正确的人生观等多个方面应该遵循的理念。

希望本书能帮助你成为一个合格的妈妈、智慧的妈妈、省心的妈妈。希望你的孩子能成为一个积极的人、健康的人、富有的人、幸福的人。真心地希望你能是孩子心中的一朵花，哪怕不是最甜美的那一朵。

目 录
Contents

一、认知修行：妈妈的认知和格局决定了孩子的高度 …………… 1

  1. 改变孩子，先改变自己 ………………………………………… 1

  2. 你永远培养不出自己认知以外的孩子 ………………………… 3

  3. 要做独立、健康的妈妈 ………………………………………… 4

  4. 做个心理素质高的妈妈 ………………………………………… 6

  5. 寻找适合的教育方法 …………………………………………… 8

  6. 建立良好的生活方式 …………………………………………… 9

  7. 给孩子充足的爱 ………………………………………………… 11

  8. 和孩子一起成长 ………………………………………………… 13

  9. 有时间就多陪陪孩子 …………………………………………… 14

  10. 适当"放养"孩子 ……………………………………………… 16

  11. 陪孩子多接触大自然 ………………………………………… 17

  12. 保持童心，接近孩子 ………………………………………… 19

  13. 学会不抱怨地生活 …………………………………………… 21

  14. 妈妈要有颗善良的心 ………………………………………… 22

二、情绪修行：母静则子安，别让你的脾气毁了孩子 …………… 25

  1. 个性是什么 ……………………………………………………… 25

  2. 使孩子丧失个性的误区 ………………………………………… 26

  3. 了解孩子的个性特质 …………………………………………… 28

  4. 家庭生活奠定个性基础 ………………………………………… 29

5. 做最好的自己 ······ 31
　　6. 引导孩子独立生活 ······ 33
　　7. 孩子表达情绪的方式 ······ 34
　　8. 孩子爱生气 ······ 35
　　9. 孩子爱撒谎 ······ 37
　　10. 上学不是累差事 ······ 39
　　11. 读懂孩子的暴躁 ······ 40
　　12. 别当孩子的撒气筒 ······ 42
　　13. 倾听能打开心灵之门 ······ 43
　　14. 语气差才是祸首 ······ 45
　　15. 听懂孩子的"话中话" ······ 47
　　16. 交流需要合适的场所 ······ 49

三、尊重与信任修行：放手不放任，捍卫孩子的主人翁意识 ······ 51
　　1. 捍卫孩子的自尊和自信 ······ 51
　　2. 为自己的选择负责 ······ 52
　　3. 兴趣变特长，特长成理想 ······ 54
　　4. 尊重孩子的想法 ······ 56
　　5. 为自己的事情做主 ······ 57
　　6. 他是我朋友，不准说他坏话 ······ 59
　　7. 多交几个朋友，孩子更合群 ······ 60
　　8. 尊重孩子的隐私 ······ 62
　　9. 帮孩子守住秘密 ······ 64
　　10. 宽容能纠正失误 ······ 65
　　11. 寻找"出格事件"中的宝藏 ······ 67
　　12. 别因愧疚纵容坏习惯 ······ 68
　　13. 不随便暴露孩子的缺点 ······ 70
　　14. 巧变孩子的缺点为优点 ······ 71

15. 别误测孩子的内心世界 …………………………… 73

　　16. 顶嘴有理，支持孩子的话语权 …………………… 75

四、真诚修行：真正厉害的妈妈，都懂的真诚地赏识孩子的
　　努力，而不是聪明 …………………………………… 77

　　1. 真诚的夸奖，才能激励孩子 ……………………… 77

　　2. 忌横向比较，自己的孩子最好 …………………… 78

　　3. 赏识孩子的努力 …………………………………… 80

　　4. 关注也是一种赏识 ………………………………… 81

　　5. 巧借他人之口，夸夸孩子 ………………………… 83

　　6. 摔倒了，笑着爬起来 ……………………………… 84

　　7. 重视孩子的每一个问题 …………………………… 86

　　8. 不嘲笑孩子的"傻问题" ………………………… 88

　　9. 赏识孩子的新奇发现 ……………………………… 89

　　10. 透视孩子的破坏欲 ………………………………… 91

　　11. "淘气"里藏着的秘密 …………………………… 92

　　12. 听话不一定就是好孩子 …………………………… 94

　　13. 激励比指责有用 …………………………………… 96

　　14. 父母的付出不是为了索取 ………………………… 97

　　15. 鼓励表扬，忌简单化 ……………………………… 99

五、社交能力修行：孩子的情商培养，越早越好 ………… 101

　　1. 领导力不是天生的 ………………………………… 101

　　2. 帮孩子提高社交能力 ……………………………… 103

　　3. 孩子社交能力培养中的误区 ……………………… 105

　　4. 考验孩子适应新环境的能力 ……………………… 106

　　5. 让孩子学会独处自立 ……………………………… 108

　　6. 创新能力彰显出人生价值 ………………………… 109

- 7. 儿童的智慧在手指尖上 …… 111
- 8. 长大了再学来不及 …… 113
- 9. 合作与分享，生活变美好 …… 114
- 10. 自我中心意识毁了合作 …… 116
- 11. 追着时间跑的孩子 …… 117
- 12. 让孩子学会保护自己 …… 119
- 13. 自由独立的孩子，会保护自己 …… 121
- 14. 小绅士更讨人喜欢 …… 122

六、人格修行：乐观、自信的妈妈才能培养出乐观、自信的孩子　125

- 1. 帮孩子展开梦想的翅膀 …… 125
- 2. 目标是走向梦想的阶梯 …… 126
- 3. 自信心是进取的支柱 …… 128
- 4. 自信的孩子能认识自我 …… 130
- 5. 自尊心是孩子品德的基础 …… 132
- 6. 呵护孩子的尊严感 …… 133
- 7. 给孩子营造乐观的生活氛围 …… 135
- 8. 乐观创造了生活的奇迹 …… 136
- 9. 同情心是孩子的善之根 …… 138
- 10. 同情心给孩子好人缘 …… 140
- 11. 做一个善良的孩子 …… 141
- 12. 宽容能征服人心 …… 142
- 13. 宽容使孩子心胸豁达 …… 144
- 14. 骄傲自大就像井底之蛙 …… 145
- 15. 谦虚是进步的阶梯 …… 147
- 16. 我不是自私的小孩 …… 148
- 17. 错误的攀比滋生嫉妒 …… 150
- 18. 将嫉妒转化为竞争意识 …… 151

19. 享受童年的快乐 ……………………………………………… 153

七、辅导学业修行：父母自身的态度和行为对孩子的学习观念有深远影响 …………………………………………………… 155

1. 自主学习，快乐学习 ………………………………………… 155
2. 要做学习的小主人 …………………………………………… 156
3. 好奇心是学习的动力 ………………………………………… 158
4. 学习趣味化，学习乐趣多 …………………………………… 159
5. 借助趣味化的工具学习 ……………………………………… 161
6. 学习目标要靠计划来实现 …………………………………… 162
7. 用计划规范孩子的学习 ……………………………………… 164
8. 学习方法很重要 ……………………………………………… 165
9. 阅读改变人生 ………………………………………………… 167
10. 把好孩子的阅读关 …………………………………………… 168
11. 鼓励孩子独立写作业 ………………………………………… 170
12. 考试要有平常心 ……………………………………………… 171
13. 掌握一些考试技巧 …………………………………………… 173
14. 偏科拖了总分的后腿 ………………………………………… 174
15. 均衡各科的学习 ……………………………………………… 176
16. 课堂笔记是个宝 ……………………………………………… 177
17. 不要这样记笔记 ……………………………………………… 179
18. 学习是一场较量 ……………………………………………… 181

八、价值观修行：父母三观正，是一个家庭最大的福气 …… 183

1. 引导孩子的饮食观 …………………………………………… 183
2. 别将焦虑转嫁给孩子 ………………………………………… 185
3. 低物欲感、高孤独感的一代 ………………………………… 186
4. 高知家庭易出教育型家长 …………………………………… 188

5. 妈妈要会"四装" …………………………………………… 189
6. 学的多，并不是精英教育 …………………………………… 191
7. 别让"放养教育"过了头 …………………………………… 192
8. 别过早刺激孩子的智力 ……………………………………… 194
9. 别忽视孩子的理财教育 ……………………………………… 195

九、经验修行：从名人育子经验中汲取能量 …………………… 198

1. 杨澜谈育子——不做神童，做个快乐的人 ………………… 198
2. 刘墉——让孩子自己去成功 ………………………………… 201
3. 李嘉诚——培养孩子的独立人格 …………………………… 203

一、认知修行：妈妈的认知和格局决定了孩子的高度

1. 改变孩子，先改变自己

世界上最伟大的事情是什么？

是教育！

摇动摇篮的手，摇动了世界。母亲，因时刻从事着最伟大的事业，也常被人称为最伟大的人。每一位母亲，都应该感到幸福、欣慰，同时也应该感到责任重大。

我三十五岁有了我的孩子——阳阳。

受孕那一刻，除了喜悦，更多的是沉甸甸的责任感。

随后十多年的岁月里，我陪伴着阳阳，把他从一个婴儿，培养成了一个清华大学的学生。他一直在追逐着自己的梦想，一直在努力做最好的自己。

阳阳是否成功，我还不知道，将来走出校门，走向社会，他的人生还会有崭新的开始。但是，我知道他是自信的，他是独立的，他也是阳光的，我不担心他。

阳阳在世界的任何一个角落我都很放心：他会照顾好自己，他能走好自己的人生路。

十多年里，我深刻地感悟到，要培养一个优秀的孩子，就要坚持两点：

首先，让孩子去做最好的自己。

其次，要改变孩子，先改变父母自身。

一路上，我像发掘宝藏一样一点一点开凿，凿出了一个最独特、做了最好的自己的孩子。一路上，我陪着阳阳一起成长，一起一点点改变，变成了阳阳生活中最喜欢的人。

有一份调查显示，中国孩子最崇拜的人中，父母排在了第五六位。而在美国和日本，父母中总有一位，会排在前三位。我们不是孩子心目中的崇拜者，这正是家庭教育的失败之处。

日常生活中，我们展示了太多的缺点，太多的人性弱点、阴暗面、消积面。而这些东西，抹杀了父母崇高的形象，它们变成了另一种形式的教育，在一点一点荼毒着孩子。

当有一天，孩子成了问题少年，或者孩子碌碌无为，或者孩子感觉不幸福时，我们在慨叹孩子的人生时，是否会发现，正是我们自身的一些东西，雕琢了孩子这样的人生。

父母，永远是孩子生命中影响最深远的两个人。

要想有一个优秀的孩子，最应该改变的不是孩子的坏习惯、臭毛病，而是父母身上的不良教养和陋习。有人说，父母1%的改变，能带来孩子99%的改变，此话一点儿也不假。

改变孩子，就得先改变自己。

孩子的任何问题，追根溯源都能追到父母的身上。错误的教养方式，导致了孩子人格、品德、习惯上的缺陷。天下没有教不好的孩子，只有不会教的父母。

教子建议

1. 孩子身上的坏毛病，要从自己身上找源头。任何时候，孩子身上出现了坏毛病，例如撒谎、挑食、自私、拜金等，都可以从父母身上找到原因。孩子身上的毛病，多源于父母错误的教育理念、教养方式。父母改变了，孩子才能改变。

2. 要树立终身学习的理念，遇到教子问题勤找方法。任何时候，学习都不会太晚，尤其是在孩子的教育问题上。教子途中的问题，需要父母们积极学习新知识，帮孩子矫治。各种育儿书籍、教育讲座、网上专家论坛，都是学习的途径。

3. 勤摸索、总结，找出最适合自家孩子的教养方法。每个孩子都是独特的，别人的方法并不一定适合自家孩子。教育理念可以借鉴，但一定要根据孩子的个性，找出最适合自家孩子的教养方法，这才是孩子最需要的。

2. 你永远培养不出自己认知以外的孩子

任何教育行为，都源于教育理念。

希望孩子快乐，则采用"爱和自由"的观念来引导；希望孩子成功，则应尊重"个性"，注重引导，发挥他的特长。各种教育理念都要尊重一个事实：孩子需要自然的成长。

从受孕到出生，到成长，到年老。一个人真正的成长是心理的成长，而非身体或智力的成长。心理的成长，不能通过外界输入，得靠孩子主动吸入，自己转化，这就是自然的成长。

教育，要尊重孩子精神的自然成长规律。

阳阳出生后，我发现，他在自然地成长，我只能算个旁观者。

周围的世界，是那么的奇妙，声音、形状、色彩……都在时刻刺激着阳阳。但是，阳阳会有选择地接受，喜欢的，他才会特别关注。

阳阳一岁左右时，我拿着一本科普读物，给他讲九大行星，还指着图给他看，但是他丝毫不喜欢这个。他倒是对家里的彩色皮球、溜溜球、旋转的风车更感兴趣。很快，他常常接触的，能给他带来快乐的物品，他都一一熟识了，而九大行星，阳阳一个也没记住。

我发现这一点后，不再给他灌输知识。

我喜欢观察阳阳，会看他对什么感兴趣。什么东西他神情专注地盯着，我则用一种色彩感强、形象化的语言来为他介绍。阳阳津津有味地听，然后默默地记住了它们。

孩子会选择最适合他本性、最吸引他的东西"吸入"，然后成长。

父母可以帮助孩子发掘兴趣，提供实现目标的条件，但不能帮孩子成长。

如果强行逆转，最终还是会被孩子抛弃。

我曾看过一篇报道，有一个孩子，从小被父母规划着，被动吸收了大量知识。十岁上哈佛，十六岁读完博士，一度被称为"神童"。神童毕业后，选择了做柜台销售员，他拒绝做任何"知识性的活动"，他说，"知识"让他痛苦。

一个孩子，能让他精神胚胎的内在规律自然地发展，他一定会成为一个人才。反之，打破了自然成长的规律，他的整个人生发展都会不正常，包括智力。

教子建议

1. 尊重孩子的天性，尊重他的自我。每个孩子都是唯一的，都是独一无二的自我。因此，每个人的人生，都是形态各异的。正确的教育，是尊重孩子的自我，遵从他的天性。从这个源头出发，孩子追求的人生，才是他自己想要的人生。

2. 教育不是灌输知识，而是学会生活。学习是一种途径，而不是教育目标。教育，不是看或学了多少知识，而是看是否学会了生活。教育的初衷是教会孩子生活，途中可有选择地吸取知识。舍本逐末只会压抑孩子的天性，扭曲他的人格。

3. 磨砺孩子的心智，使他们心理成熟。教育的最终目的，是使孩子心理成熟。智力的成长、身体的成长、知识的增加，都算不上真正的成熟，心智的成熟，才是真正的成长。孩子心智成熟后，会主动增进智能，学习知识长本领，独立、自立地生活。

3. 要做独立、健康的妈妈

每一位妈妈有了孩子之后，都甘心为了孩子牺牲自己的一切——有人称之为"母爱"，大肆褒奖，说它是无私的、无条件的爱，是最伟大的东西。

太多的孩子，正是牺牲在了这种"甘于牺牲一切"的母爱之上。

"甘于牺牲一切"的妈妈，过度依附、重视孩子，寄居于孩子的人生中，支配着孩子的言行、梦想和价值观。最终，孩子将会愤怒地呐喊："求求你，别再为我牺牲了。"

因为，这样的付出，已经成了孩子沉重的精神包袱。

正确的教育，不是付出一切。妈妈一定要有自己人生，要为自己而活。

有了阳阳之后，我一直努力保持自己生活的丰富性。我有自己要做的事，从不围着阳阳转，不把他当成我生命中的"太阳"。我想追求一种理性、开放的教育氛围。

阳阳一两岁时，我就开始适度放手。我鼓励他"自己来"，让他开始学习自理，我鼓励他自己做事。当他说"我自己来"时，我从不说"我来"。

平时，我除了关心他的饮食、身体健康，也密切关注着他的精神世界。比如，当我发觉阳阳孤单时，就主动结识一些有小孩子的邻居，帮阳阳拓展生活圈子。

后来，阳阳长大了，每个寒暑假，我们都会有一次家庭旅行，帮他开阔眼界。

一直以来，大家都嚷着学习很重要，但我觉得，成长的过程中，有许多比学习更重要的东西。它们是人格、价值观、感受生活及幸福的能力等，这才是孩子健康成长的精神内核。有了它们，哪怕走遍天涯海角，孩子也会照顾好自己，展现出最优秀的自己。

只追求学习成绩是一种短视行为，它只会早早地让孩子背上沉重的精神包袱。太关注学习，其实是让孩子背负父母的梦想，而学习是孩子的事，不是妈妈的事。

有时候，阳阳有兴致，我会和他聊一聊我现在的生活状态，我的人生目标，我准备如何实现它们。阳阳听后，常常被吸引，他还给我出主意，为我加油。我能有精彩的人生，阳阳也会觉得骄傲。我的梦想我来实现，我不想阳阳背负妈妈的梦想，比如做个全优生。

除非他自己真心想做全优生，这是我管不了的。

我知道，一个独立、健康、勇于追求自我价值的妈妈，在追求自我时，流露出的生活态度，展现出的言谈举止，就是给孩子最好的引导和熏陶。

父母的文化素质，决定了家庭教育的质量。文化素质，它不只是学历的高低，还是健康的生活、文明的行为、良好的习惯的综合展示，它需要父母有独立、健康的个人生活。

▼ **教子建议**

1. 别让孩子背负父母的梦想。父母一定要清楚，孩子是独立的，是自由的精神个体。孩子不是父母梦想的实现机器，父母一旦强加梦想给他们，就想处处操控。最终，孩子丢失了自己的人生，父母寄居于孩子的人生中。这样的亲子关系是一种痛苦。

2. 积极地生活，做孩子的榜样。父母的梦想，要由自己来实现。生活中，一定要积极地过日子，养成健康的习惯，丰富自己的业余生活。这些举动，能给孩子积极的熏陶，比对孩子教导一万遍更有效。希望有怎样的孩子，就给孩子怎样的熏陶。

3. 别一味牺牲自己，让孩子有负罪心理。一味牺牲其实是一种自私行为，因为牺牲的背后，都是有所求的。例如，好好学习，给父母争光；出人头地，光宗耀祖等。这些东西对年幼的孩子来说太沉重，是一种精神负担。这是用爱捆绑孩子，让孩子失去自我。

4. 做个心理素质高的妈妈

其实，每个孩子都是观察父母情绪的高手。

一个孩子，性格倔强或温顺，急躁或敏感，与父母的情绪或心理素质密切相关。父母乐观、大度、宽容、慈和、稳定、热情、冷静，孩子也能形成一种健康的情绪观。

我意识到这些时，发现阳阳的个性、心理素质，我已经参与了塑造。

阳阳的爸爸苏宁是个急脾气，常常一饿就想吃，一等人就坐立不安。

时常，他在家里抱怨我太慢，会对我发点脾气。我起初不介意，当有一天我发现阳阳也变得和苏宁一样时，我才开始担忧。

当时，阳阳才两岁，脾气已经非常倔了。他认定的事就得立马做，不然就吵闹不休。一旦满足了，他就安静了。两岁的孩子，正处于第一个逆反期，我常常被他搞得焦头烂额，火气"噌噌噌"上升，也成了"火暴"妈妈。

我和苏宁的举止，直接影响了阳阳。直到后来，阳阳长大了，他的个性中依然有脾气急、耐性差的坏毛病。我反省后，知道是我和苏宁影响了他，便决心改过。

还好，我和苏宁个性中乐观、自信、积极的一面，也传给了阳阳。我在任何状态和困难下，从不轻言放弃，一心要做个坚强的人。我的倔强表现在工作中，也流露在了生活里。阳阳也学会了，把这些用在了攻克学习任务上。

后来，阳阳跟我学英语，随着课程难度的加深，他想要放弃。我则鼓励他，要坚韧一点，一旦决定的事，就把它做完。阳阳向我发脾气、抱怨的时候，我也保持冷静，细心地跟他讲利弊得失。直到他认识到，学习英语是他自己选择的，是他最喜欢的事为止。

阳阳一天天长大，我也一天天从"火暴"妈妈变成了"冷静"妈妈。

父母持续、健康、稳定的心理状态，奠定了孩子的个性基石。一些一时无法改变的习性，父母可以选择性地压抑或展示。多表现乐观、积极的心理状态，才能帮孩子塑造好个性。

教子建议

1. 生活中，别做变化无常的父母。父母要有一个稳定、理智的心理情绪状态，展示出父母的性格、情绪、意志和兴趣，呈现出稳定的价值观、人生观，帮孩子厘清是非、分辨好坏，以便正确模仿。父母心理素质差，变化无常，会带给孩子负面影响。

2. 孩子发脾气时，父母要控制脾气。孩子年纪越小越随性，常常会尽情地发泄情绪。每当这个时候，父母一定要控制脾气。孩子的心理还未定型，需要这种释放，更需要引导。父母处于冷静状态中，才能引导孩子的情绪，帮他们正确管理好情绪。

3. 多展示乐观、大度、积极的心理状态。父母要意识到，自己的心理状态，将密切影响孩子。生活中，应多展示健康、积极的心理状态。父母的坚韧、顽强、乐观、不屈，都会奠定孩子积极的个性特征，会在无形中塑造孩子。

5. 寻找适合的教育方法

"教育的全部诀窍，就在于抓住儿童的上进心和道德上的自勉。"

有人说，要想养好花，得懂培育技术。父母与孩子血脉相连，唯有找到适合的教育方法，才能把孩子教育好。

阳阳是个活跃分子，常常有许多优异的表现。我非常害怕他骄傲，夸奖总是很谨慎，甚至有一些吝啬。慢慢地，我发现阳阳在某些事情上，热情急剧下降。

有一次，我问他："阳阳，你数数，看看这儿有几个苹果？"

阳阳听后，理也不理我，在一旁自顾自地玩着。

最初我见他会数数了，曾惊喜地夸奖他。他见了，便喜欢上了数数。后来我见怪不怪，便忽略了他的热情。慢慢地，阳阳数数的积极性下降了，也就出现了上述一幕。

这个后遗症，一直留到了以后。上小学后，阳阳的数学，一直处于中上游，不算拔尖。当时，我见阳阳认了不少汉字，还会了不少英语口语。我怕他骄傲，就比较吝啬夸奖，包括数数在内。偏偏数学这东西，不容易显露，不知道阳阳厉害，别人也夸得少。

阳阳对数学没有积极性，上小学后，劣势就开始显现出来了。

有位教育专家说过："打开孩子的心灵有个秘诀：当你说他棒的时候，他就棒给你看；当你说他笨的时候，他就笨给你看。"

我因为错误的教育方法，不小心浇灭了阳阳的数学热情。反省后，我决心多关注阳阳的优点，帮他展示优点，让他保持优势，拥有上进心，不断自勉，变得更加优秀。

平时，我对各种教育专著比较热心，读了不少。书中的好方法，我都记在心里，适时用在阳阳身上，看对他有没有效果。慢慢地，我也摸准了阳阳的脾性，知道如何引导他，他才最爱听，怎样教他，他才会欣然接受。

每一个孩子，都是不同的。别人的经验，并不一定适合自己的孩子。只有遵从孩子的个性，不拘泥于方法，坚持正确的教育理念，才能逐渐摸索出最适合的育子方法。

教子建议

1. 一旦发现问题，就得反省教育方法。孩子身上暴露的所有教育问题，都源于错误的教育方法。孩子有缺点、劣势、坏毛病时，父母要及时反省，找出教育上的问题。没有教不好的孩子，只要方法适当，任何毛病都是能够克服的。

2. 方法不能生搬硬套，要看是否适合孩子。世上的事，没有一劳永逸的。他人总结的方法，并不一定适合自家孩子。教育理念可以共用，方法一定要注重独特性。世上没有两个孩子完全一样。

3. 任何方法，都要尊重孩子的个性。任何教育方法用在孩子身上之前，都应想一想，我的孩子个性怎样？他喜欢轻柔的声音，还是直接告知？这些细节，在日常生活中，妈妈都能慢慢收集。根据孩子的脾气性格，采用适合的方法，才能收到好的教育成效。

6. 建立良好的生活方式

真正的教育，渗透于生活细节中，弥漫于每一个居家的日子里。

生活方式，也称家风，影响着孩子的性情，它"润物细无声"，它一直在塑造着孩子。

阳阳一天天长大，我们的家风，也渐渐定型。整体上，比较民主、朴质，大家居于其中非常有安全感，也彼此相安无事，忙着各自的事。

最初，我们就养成了按时作息的习惯。每天清晨起床，各自收拾好屋子、用品。然后我准备早餐，阳阳按当天课程整理书包，背诵课文，苏宁在阳台上看报纸。随后，大家吃饭，阳阳上学，我们上班。

晚上，阳阳回来得早，他提前写作业。然后，我们回家后准备晚饭，全家人共进晚餐。吃完饭，我选择健身、练舞或看书。苏宁看看新闻，然后就进书房，研究他的专业课题去了。阳阳或者出去玩，或者在家看看课外书。

日子每天都这样，不慌不忙、井然有序地运转着。

周末一到，全家人的活动会丰富起来。大家共同提议，商定周末计划。郊游、参观展览、联谊会等，都在周末举行。时常，阳阳要学画，或要办展览，我们会去帮忙。若是我们要参加聚会、组织活动，则单独行动。周末在我们家，是一个自由组合、自愿选择的时间段。

阳阳年纪小的时候，我们的提议多，他只管参与。慢慢地，他长大了，个人活动越来越多，我们共同参与的项目慢慢减少。不过，我和苏宁并不介意，看着阳阳一天天更独立、自信，我们更开心。他想独立，就将离我们越来越远，但他在追逐自己的人生，我们更高兴。

我们的生活方式，影响了阳阳的习惯和性情。阳阳为了融合进来，主动认同我们的价值观，模仿我们的行事风格，变成了家庭中和谐的一分子。

生活方式中，流露着父母的思想修养、文化素养、性情涵养。它们以鲜明、自然的方式真实地流露着，感染、熏陶、塑造着孩子的性情。

教子建议

1.培养优雅的家庭生活情趣。养花养鸟、崇尚阅读、业余爱好丰富、热爱大自然、推崇运动、饮食科学精细等，都是优雅的生活情趣。父母的情趣，能直接熏陶孩子，无形中塑造了孩子的好习惯、好品位、好修养。

2.塑造俭朴的家居生活风尚。家居生活，要提倡俭朴、简约，不提倡奢侈、浪费。家人的服饰，得体、整洁、大方、舒适即可，不提倡名牌、花哨。家居用品以实用、节能为主，不提倡攀比。这些都能正确引导孩子的价值观、金钱观。

3. 摒弃消极、堕落、腐化的生活方式。一些不良嗜好，例如，抽烟、酗酒、沉迷网络和电视、打架斗殴等事情，应当摒弃。一些消极的思想，例如，及时行乐、只顾自己、吃亏很傻等，都不要提倡。孩子一旦接触，父母应及时引导、抵制、摒弃。

7. 给孩子充足的爱

充足的爱不是溺爱，溺爱是纵容错误。

任何状态下，能慷慨无条件地爱孩子，是成长的大幸。

错误面前，给予孩子宽容的爱，孩子才能改过自新；孤独中，给予孩子关怀的爱，孩子才能重拾信念。充足的爱，是敢于流露的爱，能直接、自然地让孩子感受到。

教育中，不怕太爱孩子，只怕不够爱孩子。一个足够爱孩子的人，不会用任何爱来剥夺、限制、束缚孩子。

因为爱，早早地放手，鼓励他去独立；因为爱，在任何的过错面前，都愿意宽容他，鼓励他改正、坚强。

孩子一旦失败，一旦犯错，就责骂、训斥，是因为爱得还不够。所以才不顾忌孩子的自尊、情感，一味地伤害孩子。虽然打着爱的名义，却在行伤害之事。

阳阳出生后，我发自内心地非常非常爱他。

他还是婴儿时，我就曾长时间目不转睛地看着他熟睡。他的神态、姿势，在我眼中都是最动人的。我爱他，所以愿意照顾他，不辞辛劳地满足他的一切需求。饿了、怒了、困了，我都愿意哄着他，直到他开心为止。

我想当时，我看他的眼神一定是充满爱意的。我和阳阳交流着、倾诉着："妈妈有多爱你呀！"慢慢地，在我关注的眼神中，阳阳长大了。

我从不愿意溺爱他，正确的爱，是让他早日成长，早点学会独立，学习各种技能。只有当他自信、自立于人群中时，他才会感到真正的幸福。

早早地，我提倡阳阳干家务，让他自理。他考差了，我劝他别气馁，继续加油。一直以来，他学会了一样，我就放手一样。

当有一天，邻居们发现，阳阳自己在洗碗，自己能收拾房间，独立做作业时，都很震惊。我告诉大家，不是我这个妈妈太狠心不爱他。我是太爱他，不愿束缚他，才这样做的。

父母给孩子最有价值的礼物，正是爱，一种慷慨的无条件的爱。任何时候，父母的怀抱都是孩子温暖的港湾，欢迎他随时停靠；任何错误，父母都承认，他依旧是那个父母最爱的孩子。

教子建议

1. 父母付出的爱，不应要求回报。充足的爱，不需要回报。如果父母付出的爱，都是有条件的，例如考个好成绩，取得一番事业，对父母百依百顺之类的，爱就变得狭隘、自私了。这种爱付出得越多，孩子的精神包袱越大，还易滋生坏习性。

2. 任何错误，孩子仍是父母的最爱。爱不仅要在成功、成绩面前流露，孩子犯错了、失败了，也需要父母的爱。越是困顿时，父母的爱越能激励孩子求善，不放弃自己。许多浪子的回头，正源于父母爱的挽救。

3. 要学会正确地传递爱。爱孩子，就要让孩子知道，不要过度隐藏。对孩子优点的鼓励，都应直接用语言、行动告诉他。传递出去了，孩子才能感受并感动，才会努力做值得被爱的人。传递的方式不对，容易变成溺爱，这点要谨慎。

8. 和孩子一起成长

"时代变化太快""两年一个代沟"……

信息更新呈爆炸的趋势,大量新事物涌现了。

父母一低头,孩子身上穿的、手里拿的、嘴里咬的、心里想的,可能全是新事物。哪些好,哪些不好,如何辨别,如何发挥新事物的优势?父母是一头雾水。

怎么办?

看来,我们得和孩子一起学习、一同成长了。

时不时,我会翻一翻阳阳的书包,会搜出一大堆"怪异"的东西。我一一拿着,向阳阳请教。

阳阳见我有兴致,便一一介绍:"这是'啪啪圈',你听,'啪'的一声,它圈在手腕上了。"阳阳边说,边"啪"的一声,给我戴上了"啪啪圈"。我一脸的惊愕:"这东西?好玩?"

阳阳解释说,这是他看央视少儿频道的《快乐搜友大行动》时,才喜欢上了"啪啪圈",便买了纪念品。阳阳还卖弄地说:"妈妈,我这可是正版的,大家现在可喜欢这东西啦!有12种颜色呢,我全有。"

阳阳一一向我展示着,红、粉、黄、绿、蓝、橙、银灰……看着这些"啪啪圈",我心想:要想不落伍,知道阳阳想什么,就得勤奋地跟他学啊。不然有一天,阳阳说的话,都成我耳中的外星语了。这时代,真是变得快。

是啊,我一眨眼,这满大街的孩子,玩的跟我们当年玩的,完全不一样了。滑板、溜溜球、空竹、遥控玩具……随便挑一样,父母还真不一定会玩。

阳阳常常跟我提他想玩什么,他一说完,我就马上去"充电",先去网上搜一搜,看看它有什么好处;再去商场打探一下,听听售货员的介绍,再看看不同的品牌;还问一问玩着的孩子,听听他们怎么说。

我发现,每一种新玩意儿,都有一些优点。我答应阳阳后,见他在玩乐中培养了优势,就马上夸奖他。比如,见他滑板滑得好,我就常夸他:"平衡能力真好,比妈妈强多啦。"

信息社会中，妈妈要想走进孩子的世界，和他做朋友，就得陪他一同成长。不排斥任何新事物，主动跟孩子学，亲自去体验一把。唯有了解之后，才能正确地引导孩子使用它们。

教子建议

1. 不排斥孩子的新玩具、新想法。父母不懂的，不一定就是"胡闹""不好的"。孩子好奇心重，会被新玩具、新想法吸引。新事物也是良莠不齐，父母唯有不排斥，主动去了解、接纳，才能正确引导孩子。

2. 有时间，陪着孩子一起玩玩新东西。父母对孩子感兴趣的东西，抱以热情才能和孩子有共同话题，懂他们为何而"狂"。有时候，返老还童一下，陪孩子玩一玩，能缩短亲子距离，还能学到不少新东西。

3. 常常听一听孩子的心声，了解他的新想法。除了学东西，还得学想法。孩子一天天长大，会接受各种新想法。父母得学着接受，并主动去体验一下。这样，才能了解孩子的心声，知道他们怎么想，懂得如何引导他们。

9. 有时间就多陪陪孩子

我有一个朋友，是做生意的。他说，整整十年了，他每天不分白天黑夜地忙碌，手机二十四小时开机，随叫随应。

我问他："这么忙，为了什么？"

他说："孩子。"

朋友有一个儿子，已经六岁多了。整天由保姆带着，两口子忙生意。这十年，朋友少说也挣了几百万元了，他说都是为了儿子。

儿子叫小沙，我见过几次，是一个冷漠又任性的孩子。他没有最喜欢的人，只有最喜欢的物品。他的汽车、玩具机器人，才是每天陪他睡觉的东西。

我曾问他:"喜欢父母吗?"

他摇头说:"不喜欢,我恨他们。别人的家长会,都是父母去的,我却是保姆去的。大家知道了,都笑话我。"

我相信,每个孩子的内心深处,都是渴望父母多陪陪的。有人说过,常被父母陪伴的孩子,智商要明显高于父母陪伴少的孩子。孩子从陪伴中,感受着父母的爱,感受到家的温暖,才能拥有更健康的性情。这种东西是任何金钱都换不来的。

算一算,父母能陪孩子的时间并不多。屈指一算,短短十几年。以后,孩子大了,要上学了、成家了、立业了,就会远离父母。在这有限的时间里,父母都不能尽到陪伴的责任,将会是终身的遗憾啊。

我有了阳阳后,每天总会抽出一些时间,陪他聊会儿天。

阳阳在上幼儿园、小学时,有时候领导对我说:"周末加班,双倍工资。"但我都拒绝了,我想回家多陪陪阳阳。阳阳还那么小,我得多安排一些周末家庭活动,一家人出去玩一玩。苏宁在我的提倡下,也能周末排开时间,多陪陪阳阳。

后来,阳阳上初中、高中了,我们才将重心重新转移到工作上去。

钱是永远赚不完的,孩子的成长,却丝毫不能耽搁。一旦放弃了陪伴,也就遗失了教养的义务。连陪伴的时间都没有,谈何教育?父母再成功,孩子不成功,也是一种悲剧。

孩子在成长的过程中,渴望被父母爱抚、鼓励,渴望亲子间的情感交流。孩子的成长,离不开父母的指导、帮助。在陪伴中,孩子建立了安全感,塑造了健全、健康的人格及心理素质。

教子建议

1. 每天抽出一段时间,陪孩子聊聊天。时间不一定要长,但每天都要有。这段时间,被称为"听梦"时间,陪孩子聊天,听听孩子的梦想。作为父母,了解孩子的心思,知道他的喜好、他的梦想,是一种责任,也是一种义务。

2. 邀请父亲,多参与孩子的活动。父亲的陪伴,在孩子的成长中也至关重要。缺少父亲的陪伴，孩子依赖性重、懦弱、缺乏阳刚之气。妈妈应常常邀请父亲，多陪孩子玩一玩。一些亲子互动活动，也要积极邀请父亲参加。

3. 多给孩子一些爱抚，多一些肢体接触。陪伴过程中，要多一些肢体接触。搂一搂、亲一亲，能让孩子更有安全感，心理更满足。孩子会有"肌肤饥渴"，需要父母的抚摸。常常爱抚孩子，孩子心理更健康、个性更鲜活。

10. 适当"放养"孩子

放养，听起来很可怕，但并不是放任自流。

有人比喻，放养就像放风筝，飘得再高，线始终牵在父母手里。放养，离不开父母的关心、指导和保护。

最初我开始放养阳阳，是在他一岁左右的时候。当时，他能抓握东西了，喜欢"自己来"。我把他放在床中央，围着一堆玩具，任他"自己来"。小家伙一顿乱砸，玩得很开心。偶尔我想教他如何玩。他一瞪眼，说："走，走！"

他在赶我走，他渴望自由了。

当然，阳阳自己来，就会走弯路，会犯很多错误。例如，明明是口琴，他偏当电话玩。拿着它，一个劲儿地说："喂，喂？"有一天，当他发现这东西能发声音时，兴奋坏了，大声喊："响，响啊。"

看着阳阳兴奋的样子，我确定，放养能让他更快乐。

慢慢地，阳阳一天天长大，会得越来越多。我信奉，只要他会一样，我则放手一样。他会穿衣服了，我就让他自己来。他会熟练吃饭了，我就不喂了。

周末他能自己安排时间，决定行程时，我就不干涉。

阳阳从不畏怯，有新事情要他全权负责，他总是很兴奋。这类尝试，他向来跃跃欲试，他知道就算搞砸了，老妈也不会说他什么的。

成长的路上，阳阳有许多新尝试。比如，他三岁就学滑冰，四岁学滑板、学游泳，五岁办了个人画展……这些事情，我都鼓励他大胆地去做。

在这个过程中，我并不是完全放任自流，我也讲技术，帮他出主意。但主角是他，我只打打下手而已。就这样，阳阳一天天能干起来，也变得更独立了。

放手过程中，我一直有一只眼睛盯着他。那些安全常识、处事原则、是非观念，是他不能触犯的领域。我一直牵着这根"线"，一旦他想越界了，我就会收一收"线"，让他知道原则在哪里，边界在哪里，不要迷失掉。

管得太多，并不是一件好事，它会磨灭孩子的个性。每一个孩子，都有自然的本性。放养过程中，才能弄清他的兴趣、爱好和梦想。然后，才能引导他去追求，帮助他成功。

教子建议

1. 允许孩子犯错误、走弯路。放养中，要允许孩子犯错误，这些弯路也是一种经验，它能帮助孩子成长。适当的挫折能磨砺孩子，让孩子明白危险在哪里，要小心什么事情。犯过错的人才能明白，什么叫正确。这种过程，正是成长的过程。

2. 赏识、支持孩子的独立意识。成长过程中，孩子会流露出独立的意识。此时，一定要赏识、鼓励孩子去尝试。孩子敢于独立，敢于发现全新的自己，挑战自我，才能早日摆脱依赖，走向真正的自立和独立。

3. 父母别放弃引导，要帮孩子发现优势。放养中，不能完全放任自流。一旦发现孩子的兴趣点、梦想，要引导孩子努力去追寻。放养中，孩子能追逐天性中的喜好，才能发展优势，变得更加优秀。孩子在自由的追逐中，主动性才会更强。

11. 陪孩子多接触大自然

孩子多一些机会接触大自然，能开阔眼界、陶冶身心、增长知识。

孩子在大自然面前，我们要多一些陪伴，少一些教导。不要总说"这是""那是"，这些都是灌输。

大自然自己会说话，孩子哪怕小，也能听得懂。我们陪在一旁，倾听孩子对神妙事物的发现，分享他收获的喜悦，这些就足够了。

阳阳童年时，只要周末一到，我们常陪他去公园、植物园里玩。有时候，我们陪他去郊外爬山，去农村的田野里闲逛。

常常，一块肥美的草地，一席阴凉，就成了我们一家子的小天堂。阳阳兴致高，到处乱跑，我则陪着他，看看他发现了什么。苏宁呢，则在树荫下看书、看风景。

有一次，阳阳看见了荆棘，他说："好尖的刺啊？"

我说："会扎手的，要小心。"偏偏荆棘丛中，盛开着许多小野花，阳阳一心想采摘，就冒着危险，开始探险去了。

有时候，阳阳跑来问我："妈妈，哪些东西有毒？哪些能做药材？"他肯问，我则一一教他辨别有毒植物，识别药材。

有一次，我们遇到了毒蘑菇，颜色鲜红亮丽，上面还长满了白色的粉状疙瘩。阳阳见了，直夸它漂亮，我马上告诉他，这种蘑菇，毒性非常强。

我们到了湖边，阳阳想下去捡贝壳，我则指着青苔说："这东西，特别滑，脚别踩上去。"阳阳好奇心重，还偏要试一试，结果摔了一跤，他马上认识到危险了。

有一天晚上，我们一家人爬上山顶时，已经是满天星斗了。阳阳指着星星说："妈妈，多亮啊。"我说："是啊，妈妈小时候，星星都是这么亮，如今，只有远离了大都市，才能看见这么亮的星星啊。"

阳阳在我们的陪同下，也喜欢上了大自然。一草一木、一虫一鸟，阳阳都喜欢它们。慢慢地，阳阳在我们家，也养起了花木和小动物。一直以来，他的这些活动，我都非常支持。

孩子在大自然中，感觉更敏锐，动作更协调。声、光、气味等多种感官刺激，丰富着孩子的情感体验。他在宽广而丰富的空间里，激发出了求知欲，胸怀也变得更加博大。

教子建议

1. 陪孩子一起体验，让他自觉去亲近自然。要让孩子喜欢上大自然，得从小培养。就应让孩子多接触大自然，在声、光、色的刺激下，体味自然的丰富性、变化性。孩子常常亲近自然，在广阔的空间里玩耍，心胸会更开阔，思维也会更灵活。

2. 赏识孩子的求知、探索心理。大自然中，充满了新奇怪异的东西，它们能激发孩子的求知欲，刺激孩子去探索。父母应支持他，给他提供场所、工具并在精神上支持他，让他把问题弄清楚。孩子对这些新知识、新技能的获得，也是一种成长。

3. 鼓励孩子养花木、小动物。喜欢自然的孩子，会认为花木有情，虫鱼有爱。这类孩子，也喜欢饲养动植物。这种情怀，正是博爱品质的流露。父母应鼓励、赞赏孩子的这种情怀，培养孩子亲近自然的品质。

12. 保持童心，接近孩子

孩子的世界，父母懂吗？

童心，是每个人都曾经拥有的，最后却慢慢遗失了。儿童的世界不同于成人，要接近孩子，就得保持一颗童心。

"我的手很小，无论做什么事，请不要要求我十全十美；我的脚很短，请慢些走，以便我能跟上你。"这是一封美国孩子写给父母的信，希望父母能多为孩子想一想。

有一天早晨，阳阳一醒来就哭了，他对我说："妈妈，我梦见小白死了。"小白是他养的小兔子，前几天吃了没洗干净的菜叶，一直在闹肚子。

我见他哭得伤心，就问他："那你在梦里，有没有说，妈妈会给它请医生呢？医生可厉害啦，肯定能治好它的。"

阳阳一撇嘴说："我忘记了，今天晚上做梦时，我再告诉它吧。"我赶紧点头说，这样就没事了。阳阳听后，马上就放心了。

早晨，阳阳一穿好衣服，马上就去看小白了。见小白好好的，就生气地说："还在呀，你这坏蛋！"

苏宁在一旁听了，莫名其妙、目瞪口呆。我赶紧小声告诉了他事情的原委。苏宁说："你这不是哄他吗？他都分不清梦和现实了。"

我小声说："他才两岁多，本来就分不清楚，不是想安慰他吗？"

时常，阳阳会告诉我一些"奇语"。例如，昨晚他和小飞侠彼得·潘遇上了，飞去了"永无岛"。刚开始，他总担心自己掉下去了，没想到，彼得·潘教过他之后，他还真会飞了。

阳阳说这些时，已经四岁了。我给他读了《小飞侠彼得·潘》后，他就特别向往"永无岛"，结果就在梦里去了。一般情况下，他说这些话时我从不嘲笑他，而是认真地听他说，鼓励他多讲一些。我发现，我相信阳阳说的事，他也非常高兴，越发自信了。

本来，他那时的话，就算不上谎言，他只是分不清哪是梦幻，哪是现实。

父母保持一颗童心，正是为了保护孩子的想象力，保持他们幻想生命的激情。幼儿期，孩子的童心重，看世界就像在梦幻中一样。人许多优异的思维品质，正是在那时萌芽的。

▼ 教子建议

1. 学会用童话思维，看待孩子的举止。童年期，孩子多分辨不清梦幻和现实。此时，常会有一些怪异的举止。父母要配合孩子，陪他一起幻想。孩子在讲述幻想情景时，正是他发挥想象力、思维力、语言综述力的时候，需要被保护。

2. 千万别轻易嘲笑孩子幼稚的幻想。没有童心的父母，常常会嘲笑孩子。他们用无情的现实，打碎孩子的梦境。这种境况会让孩子觉得，自己太笨、太无能，因此容易出现自卑心理。他们还会常常困惑，是幻想吗？是错了吗？会因为辨不清真伪而活在迷茫中。

3. 凡事要多为孩子想一想。生活中做任何事，都要为孩子想一想。从孩子的角度看一看问题，唯有如此，才能尊重孩子的情绪，孩子才乐意同父母交流、玩耍。亲子间的隔阂，在父母的换位中，才能够渐渐缩小。最终，父母才能变成孩子的好朋友。

13. 学会不抱怨地生活

抱怨是一种负面心理，会将消极情绪无限放大。

孩子的一个小缺点、生活中的一点点不公平，妈妈反复地抱怨，都只会强化这种观点，让观点在孩子心里生根。抱怨，其实是一种消极的心理暗示。

有一次，阳阳的数学成绩下来了，考得不理想。我让他找原因，他说："考的都没学过，老师最近感冒了，讲课声音变形了，一听就想笑……"我一直在耐心地听着，我发现，阳阳说的都是别人的原因。总之，他在抱怨。

当时，我只是觉得，他小小年纪，怎么学会抱怨了。

晚上，苏宁回家了，我马上开始抱怨，说自己最近很累，公司的事不顺利。苏宁听后，只好摇头说："你说这些，有用吗？只会让自己心情更差。你怎么老是抱怨！"

听完苏宁的话，我马上就愣住了。

我从未发现，自己是个爱抱怨的人。其实，我只是在发泄情绪，那些问题并不是大问题。刚开始是唠叨，情绪一激动，就成抱怨了。

我回头一看，阳阳就在我旁边，面无表情地吃着水果。其实，他在被动地听着我的抱怨。难怪阳阳抱怨起事情来无师自通，原来师傅竟是我。

发现这个问题后，我就开始克制自己了。

不顺心、不开心、不如意的事情，一旦发生了，我总是积极地想办法解决。我发现，我敢于面对，不抱怨生活琐事时，阳阳对我越发尊重、敬佩了。

有时候，工作上的难题，使我比较劳累。这个时候，阳阳会特别懂事，不打扰我，还主动关心我，让我照顾好身体。

有一次，为了帮出版社审定一批加急的稿子，我加了一整夜的班。晚上，阳阳起来上厕所，见我还在书房里，就给我端来了一杯热茶。我拍了拍他，催他赶紧去睡。他刚转身，我的眼圈就红了。

生活中，不可能事事公平、公正。学会不抱怨，流露出的才是积极的人生态度。家庭生活中，孩子需要被积极的态度熏陶，而不是淹没在消极的抱怨中。

▼ 教子建议

> 1.时刻提醒自己，别做抱怨的父母。生活中，父母要时刻提醒自己，不要抱怨生活。任何人，都不可能一帆风顺，都有各种抱怨的理由。但是，抱怨只是徒增烦恼。父母常提醒自己，才会减少抱怨的次数，多展示出积极健康的精神状态。
>
> 2.困难挫折面前，要做积极应对的父母。父母遇到困难和挫折时，更需要勇敢顽强一点。父母的表现，孩子都会看在眼里，会成为他们未来行动的范本。一个不抱怨、积极应对困境的父母，才能正向引导孩子的人生观。
>
> 3.不要一再强调消极的观点，忌唠叨。一种消极的观点，多次被强化，就会扎根在孩子心里。一旦孩子在生活中遇到类似的事，就会习惯性地消极看待。

◆ 14.妈妈要有颗善良的心

孩子有个高尚、美好的灵魂，离不开妈妈的善良。

生活中，孩子如何处理义和利，孩子的关爱、责任、诚信、合作、感恩、自信、勤奋等品质，都离不开妈妈的熏陶，离不开善良。

善良是一切美德的根基，孩子最初正是从母亲这儿，感受到什么叫善良。

如果孩子从母亲这儿感受不到善良，感受到的是邪恶、自私、冷漠、欺诈、挑拨离间、忘恩负义、自卑、懒惰，那么如此熏陶，将会成就怎样的孩子？

阳阳出生后，我知道自己责任重大，但人无完人，我的身上也有许多缺点，我也有脾气，常常控制不了情绪。

有一次，当我因为一件小事，在家里狠狠抱怨、指责别人时，我发现阳阳正瞪着一双好奇的眼睛，津津有味地听着。

看着他纯真的眼神，我真恨不得打自己耳光。生活中遇到不公正的事，有什么大不了的，难道我只能做个抱怨的妈妈吗？

从此以后，我开始适当忌口，脏话、抱怨的话、嫉妒的话、刻薄的话，我都尽量少说。相反，赞美的话、宽容的话、感恩的话、安慰他人的话，我要多说。

有一次，阳阳回家说："妈妈，陈阿姨病了，边走边咳嗽呢。她发着烧，还一个人去医院买药，被我碰上了。"我听后马上提议："我们去看看她吧？"陈阿姨的丈夫不在家，儿子常年在外打工，她一个人过日子。

当天，我就带着阳阳，去看陈阿姨了，看她行动不方便，我还帮她煲了汤。阳阳发现，陈阿姨一个人很孤独。没事时，他会主动找陈阿姨聊天。

渐渐地，我发现，社区的老人都喜欢阳阳。他们有需要，也喜欢喊阳阳来帮忙，尤其是这个陈阿姨，特别喜欢阳阳。像看信、读报纸，有了不懂的事，她总是找阳阳。

孩子能有一颗温暖的、懂得感恩、会关爱他人的心，离不开家人的熏陶。父母的言行是孩子模仿的标杆。孩子一切良好的品质，都传承于父母。

教子建议

1. 父母要争做美德的代言人。常有人说，孩子身上倒映着父母的影子。想拥有一个德行高尚的孩子，就要争做美德的代言人。孩子能懂责任、合作、诚信、感恩……都离不开美德教育。日常生活中，父母要做一个善良的人，多为孩子的美德奠基。

2. 给孩子营造友爱、和谐的生活氛围。孟母三迁，说明生活环境的重要性。父母在邻里之间、社区内应乐于助人，做个慷慨乐观的人，帮孩子营造一个友爱、和谐的生活氛围。有人带头后，大家都彼此善待对方，才能给孩子良好的环境熏陶。

  3. 不支持任何恶行，及时批评矫治。人无完人，无论是他人的，还是孩子自身的恶行，都应给予批评，是非观要明确。孩子有了恶行，不能纵容，要引导他认识其危害。孩子主动反省，才能更快矫治恶行。

二、情绪修行：母静则子安，
　　　别让你的脾气毁了孩子

● 1. 个性是什么

一个人一生成就的高低，起主导作用的，不是智力，而是"个性"。孩子个性好，才能魅力闪耀，受到众人的青睐，脱离平庸。

大家都在说"个性"，什么是个性？

阳阳出生后，我也专门研究了一番，我想让他做个有个性的人。

我发现，原来国外的心理学家，对个性早有定论。它包括五个方面，十五个小点。

一是认真尽责，包含认真、负责、勤奋三方面；二是情绪稳定性，包含情绪稳定、自信、适应性三方面；三是求新求异性，包含求新、兴趣、聪明；四是外倾性，包含社交能力、领导能力、果断性和活动性；五是随和性，包含热心、善良和诚实。

这就是个性的全部具体表现，阳阳要想有全面、和谐的个性特征，就得从它们一一入手。我知道，这是一个系统、长期的培养过程。作为母亲，我得有信心，帮他塑造出好个性。

阳阳虽然还小，还躺在我怀里吃奶，但我已经得考虑这个问题了。

我小声对阳阳说："宝贝，妈妈有一个大工程，主角就是你。你要配合我，我们一起努力，好不好？"阳阳听不懂，他怔怔地看着我。

他不懂，但我得早一点弄明白，这可是关系他一生的大事。我将以以上的十五个小点为纲领，随时影响、引导阳阳，系统地培养出他的好个性来。

阳阳现在还只个是婴儿，但从婴儿期，孩子的个性就已经开始形成了。将来，他的学业、事业，他的整个人生，都会受这个个性的牵引。正因为他小，在个性塑造上，才有更大的空间能自由发挥，我是阳阳个性的雕刻师。

怀抱璞玉，责任深远。作为妈妈，我在教育过程中，不敢有太多的过错。我今天的过错，就会形成阳阳明天的个性，这真是沉重。

孩子从出生起，个性便开始雕琢了。生活环境、接触者的言行、任何信息都在影响、雕琢着个性。唯有重视个性培养，多选择良性、正向的刺激因素，才能帮孩子塑造出好个性。

教子建议

1. 应早日意识到个性的重要性。千万别认为，个性是天生的。任何一个孩子，他的个性都是受后天环境影响的。教育在个性的塑造中，有重要的作用。为人父母应明白，个性会影响孩子的一生，一定要重视，要多一些正向引导，培养孩子一个好个性。

2. 要清楚个性特征包含的因素。人人都在说个性，但不一定真懂个性。个性包含的具体因素，上文有叙述，父母应熟记。用它作行动纲领，时刻指导自己，正确引导孩子的各种生活细节，培育出孩子的好个性。

3. 个性塑造宜早不宜迟。个性的培养一定要趁早。每个刚生下来的孩子，个性是未定型的。此时，父母的正面引导，都会产生积极的效用。每一天，孩子生活的氛围、他人对他说的话、他眼中的事物，都在雕琢、定型着他的个性。

2. 使孩子丧失个性的误区

希望孩子听话，希望孩子走父母设计的人生路。

乍一看，是因为爱孩子，其实，这是以爱的指令阻碍孩子的个性发展，是孩子丧失个性的误区。

小区里有个小女孩，叫丫蛋。从小父母就把她捧在手心里疼。她个性刁蛮、任性、霸道。丫蛋的家境不错，妈妈信奉女孩要富养，只要她喜欢的，都会尽量满足她。同时，妈妈喜欢的，也会尽量给她安排。

有一段时间，阳阳在学画画，丫蛋妈见了，觉得很好。二话不说，给丫蛋也报名了。没想到，小姑娘坐不住，不到两天，就嚷着不去了。后来，见有人学舞蹈，她又马上给丫蛋报名了。这一次，丫蛋倒有点喜欢，学了半年多。后来，妈妈想让她学钢琴，结果学跳舞又中断了。

为此，丫蛋还哭闹过一次。丫蛋妈觉得，学钢琴比跳舞更好。

许多小朋友听说丫蛋在学钢琴，都很羡慕。渐渐地，丫蛋也忘记了跳舞的事。

为了学习这些东西，丫蛋玩的时间变少了。她只要有机会溜出家门，就不到天黑不见人影。妈妈见丫蛋调皮，见人就批评她。丫蛋便越发讨厌妈妈，觉得自尊心被伤害了。

丫蛋的妈妈为了她，辞掉工作做了专职妈妈。她时刻陪着女儿，一心为她好。没想到，丫蛋并不喜欢妈妈，常常因一些事跟妈妈闹矛盾，还养了一身的坏毛病。

小区里，丫蛋的脾气臭，是非常有名的。孩子们怕她发脾气，也不太爱跟她玩游戏。我也常常发现，一大群孩子中，最先挑起事端、闹不满情绪的人，常常是丫蛋。

就是在幼儿园里，王老师也常说："丫蛋这闺女，不能太惯着她了，个性不太好。"

孩子的个性出了问题，多半原因在父母身上。父母用爱的蜜糖，一层层去包裹孩子，付出的是爱，却惯养出了骄奢放纵的孩子。各种溺爱、错误的爱，都是让孩子丧失个性的误区。

教子建议

1. 别限制孩子玩，玩能让个性充分释放。孩子有好个性，不能忽略了玩的重要性，玩是在发展孩子的天性。玩乐中，孩子做了最真实的自我。孩子能尽兴尽情，表现出最优秀的一面，就是在展示个性。

2. 别伤害孩子的自尊，它是个性的基石。好个性要以自尊为基石，当众批评孩子，时常打骂孩子，都易造成性格的扭曲。一个丧失了自尊的人、一个性格扭曲的人，如何能有好个性。任何时候，父母都要呵护孩子的自尊。

3. 尊重孩子的兴趣，别强制孩子的人生。尊重孩子的兴趣，正是尊重他的个性。父母为孩子设计人生目标，让孩子按设定来行动。似乎是在非常用心地爱孩子，却在强制中毁了孩子的个性。孩子在追求父母的梦想，能算自己的人生吗？

3. 了解孩子的个性特质

每个孩子，都有独特之处，这叫个性特质。世界上，没有完全相同的个性。这也决定了每个孩子的人生，都是唯一而不可复制的。

因材施教，就是提倡摸清孩子的个性特质，然后施教。能够因材施教，即是尊重孩子的天性，让孩子做最好的自己。这样的教育，往往成就了孩子非凡的人生。这样的教育，能引导着孩子，让孩子走他最适合的路。

阳阳出生后，我就一直在思考，他的个性，有哪些特别之处呢？

婴儿期，我发觉阳阳喜形于色，脾气很急，容易激动。只要饿了，准是马上"哇哇"大哭，越哭越急，非得三秒钟喝上奶。我为了磨炼他的耐性，常常故意拖延一下，再给他喂奶，气得他不行，但只要吃上奶，他马上变安静。吃饱后，心情就特别好，早忘了哭的事。

两三岁时，阳阳的气质更明显了。他反应快、爱动，喜欢去热闹的地方玩。人越多，他越兴奋，就不爱一个人玩。从心理学上看，他属于多血质型。这有一定的遗传性，也受后天环境的影响。我知道每一种气质，并无优劣之分，但早一天了解，就能帮阳阳找到最适合的个性发展之路。

有一段时间，阳阳回家后，哭着说："妈妈，别人和我一吵架，我就想打人。今天，我又跟朋友闹翻了。"我问他，是不是现在很后悔，阳阳点点头。我劝他说："没事，明天主动和他和解，大家都明白你脾气急，但你心不坏，他们不会太计较的啦。"

阳阳一想，也的确如此。第二天，他主动道歉，马上又和朋友和好了。

一般情况下，儿童的个性分三种：外向易激动型、内向易抑郁型和逆反拒绝型。阳阳的个性，就属于外向易激动型。他也常常为个性而苦恼，我就引导他，教他如何理解自己，适应自己的性格特征。慢慢地，他也非常喜欢自己了，还能充分发挥个性优势。

每个孩子，都有独一无二的个性特征。父母唯有了解它，才能因材施教，使孩子的个性扬长避短，变得更加完美。孩子爱自己，才能充分施展个性优势，变得更具竞争力。

教子建议

1. 多观察生活细节，摸准孩子的个性特质。孩子的个性特质，父母用心观察，就能分辨出来。孩子活泼好动、反应敏捷、抑制能力差、爱打架、不记仇，是外向易激动型；不爱说话、羞怯、控制力强是内向易抑郁型。只有摸清了特质，才能因材施教。

2. 性格是可塑造的，应早日引导完善。人的性格是后天塑造的，社会生活会雕琢它，它将不断完善。一旦形成，便具有了一定的稳定性，将影响人一生的言谈举动。所以，塑造好性格一定要趁早，等到定型后就很难改变了。

3. 尊重天生的气质类型，气质并无优劣之分。孩子天生的气质，一般分为胆汁质、多血质、黏液质、抑郁质四类。气质多半是天生的，但也会随着社会生活、教育而有所转变，可通过训练来完善缺点。应引导孩子接纳、尊重天生的气质，扬长避短。

4. 家庭生活奠定个性基础

家庭生活是沃土，培育着孩子的个性。什么样的家庭氛围，培育出什么样的孩子。

孩子在幼年时期,家中每个人的个性,都会影响到孩子。任何一种性格特征,长时间刺激着孩子,孩子便在无形中向它靠近。

阳阳三岁左右时,有一段时间,我心情烦躁,常常和苏宁吵架。我经常气愤地说:"烦死了。"然后一副不耐烦的样子,看苏宁哪里都不顺眼,然后和他吵。

有一天,阳阳在客厅里玩,他竟自言自语:"你烦死了,你走远点,我不和你玩。"我见阳阳火暴的样子,心想,这孩子假的都当真。慢慢地,阳阳的脾气真暴躁起来了。他只要不顺心,就不耐烦地喊:"烦死了。"

看到阳阳这样,苏宁笑着对我说:"看他的样子,和你一个样!"我看着阳阳,猛然意识到,我的坏性格正在一点点地传给阳阳。暴躁是我讨厌的性格缺陷,我常常深受其苦。我的暴躁,正是受我父亲的影响。没想到,现在又由我影响到了阳阳。

想到这种遗传,我开始害怕了,我怕将来阳阳深受暴躁之苦时,也会责怪是因我影响。

后来,我便学习克制自己,有事情就和苏宁商量,尽量不乱发脾气。尤其在阳阳面前,我更注意形象,不让他看见我的坏脾气。

渐渐地,我们的家庭氛围变得非常民主、平等了。我、苏宁、阳阳变成了朋友,从不随意伤害任何一方。我们从不以权威姿态,去压抑阳阳个性的自由发展。为了营造家庭的幽默氛围,我还带头开玩笑,和阳阳、苏宁没大没小地说些笑话。

在这种愉悦的家庭环境下,阳阳变得更加开朗、热情、乐观向上了。

个性的形成,离不开生活环境的熏陶。家庭生活无时无刻不"随风潜入夜"般滋润着孩子,雕塑着孩子的个性。一个好性格,要有一个好环境,更要有一位"孟母"。

教子建议

1.让孩子生活在和谐融洽的环境中。活泼、乐观、热情等性格特征,需要成长在一个民主、尊重、愉悦的家庭氛围里。家庭生活和谐融洽、家庭成员友爱互助，孩子才能感到安全，才愿意效仿正面的品德，养出好性格来。

2. 父母要以身作则，理智行事。孩子的性格，常常是父母性格的写照。父母在生活中，能时刻修身，理智行事，不被自私、暴躁等负面性格控制，才能给孩子带来好榜样。父母的一言一行，都在雕刻着孩子的个性。

3. 注意教育方法和态度。好的教育方法，能促进好性格的塑造。父母用博爱、民主、宽容、爱、自由去教养孩子，孩子会养成宽容、爱心、感恩、责任等品质；父母用专制、打骂、嘲讽教训孩子，孩子也会变得狭隘、自私、叛逆。

5. 做最好的自己

个性，是孩子自己的性格特征。个性让孩子充分施展着抱负，让孩子活得有滋有味，时刻体味着成就感。

自从阳阳意识到，他是他自己后，个人要求就越来越多了。他内心"我"的意识，也越来越强烈。最初的显现，是在他一岁左右。当时，他刚学会说话，便常常嚷着："我来，我来。"如果大人要帮忙，他会特别不耐烦，觉得被冒犯了。

阳阳想做自己了，他讨厌依赖，想独立。

为了满足他，我常常让他自己来。有时候，他把饭全"喂"到了地上，把水洒在了床单上，把衣服扔得到处都是。他的这些"恶行"，并不是故意使坏，只是想尝试着"自己来"。我也不责备，让他自由发挥，直到满足"我"的意愿为止。

两岁后，阳阳的自主意愿更强了。他决定的事，就得按他的意愿来，否则，他准是连哭带闹。他还那么小，我常常疲于跟他讲道理，因为他根本就不听。没办法，只好引导他，让他一件件去亲自尝试。直到看着他乐得哈哈大笑，玩到一屋子狼藉为止。

阳阳愿意尝试，我也尊重他的意愿，舍得放手，慢慢地，阳阳会的东西越来越多了。

上小学后，阳阳就非常独立了，他有自己的房间，能安排自己的业余时间。他自己做的事情，从不要我插手，都要他自己来。

阳阳得按他的兴趣，用他最擅长的方式，去追逐他的梦想。他充分地发挥了主动性，个性才能自由施展，才会学得有动力，生活有乐趣。

我尊重阳阳的个性，允许他追逐自己的梦想，阳阳在学校里、在画展中、在亲友间，也渐渐收获了更多的赞誉。常有人对我说："林妈妈，你家阳阳，真不错啊。"

孩子在追逐人生梦想的旅途上，只要能做最好的自己，就是一种成功。父母唯有尊重孩子，尊重他内心"我"的意识，让他充分施展个性，就能拥有一个快乐而成功的孩子。

教子建议

1. 尊重孩子的兴趣。每一个孩子，都有自己的兴趣。能做最想做的事，孩子的积极性、参与性才能被充分调动。在这个过程中，孩子不怕累，能坚持，一心想把事情做好，这种精神和干劲，正是干好一切事情的原动力。

2. 给孩子自由的时间和空间。自由的时间，让孩子能做最想做的事，充分施展个性；自由的空间，让孩子学会照顾自己，不再依赖他人。在时间和空间中，做最好的自己，才能做最尊重自我个性、最不委屈自我的人。

3. 尊重孩子的独立意识，学会放手。孩子要发挥个性，必须独立。孩子不靠别人，凡事能自理，各种矛盾能独立解决，责任自己承担。这样的孩子，在任何环境中，适应力都是超强的；任何挫折中，情绪都是稳定、积极向上的，这正是好个性的表现。

6. 引导孩子独立生活

阳阳的表哥，已经在念高中了。有一次，我陪阳阳去他表哥家玩。刚进门，就听到姑父在骂表哥："年纪轻轻，竟然在外面酗酒，你太不懂事了。"

表哥被训后，心情非常不好，一个人躲在屋子里，也不出来玩。阳阳便进屋，陪表哥一块儿玩。晚上回家时，阳阳说："妈妈，表哥挺可怜的。你看，姑父常常喝醉酒，表哥也长大了，喝酒怎么啦，他骂得太凶了。"

我说："是吗？那你怎么看喝酒？"

阳阳一听，马上说："其实，还是不太好，我不喜欢喝。"我听后说："其实，你姑父也不对，他一边说喝酒不好，一边自己常常喝醉，华子表哥肯定挺讨厌姑父的。"我的话一出口，阳阳马上表示赞同。

父母攻击孩子的价值观，强加自己的观念，常常会被孩子拒绝。最初，华子也不爱喝酒。他爸爸常常告诫他："高中毕业前，绝对不能喝酒。"本是一句告诫，说得次数多了，华子却心痒难耐，朋友一怂恿，就染上了酗酒的恶习。

现在，他爸爸常常骂他，却怎么也劝不了华子了。

阳阳一天天长大，我知道，总有一天，他也会接触酒。我不敢强行命令，不准他沾酒。时常，我会说一说我对喝酒的看法。怎么喝，喝多少，危害有哪些，好处有哪些，我都客观地说一说。

阳阳有时候见苏宁喝，他也会喝一小杯啤酒。我见了，也只提醒他注意量。

阳阳偶尔喝酒，但他从不酗酒。平时，他也不喜欢周末跟一帮朋友去喝酒。阳阳知道，酒喝多了会伤身，他还有更多好玩的事要做，喝酒不是最有吸引力的。

孩子是独立的个体，会有自己的生活形态和生活信念。无论何时，父母都无法强加个人的价值观给孩子。父母唯有引导、影响孩子，才能改变他们的生活形态。

▼ 教子建议

　　1.只发表看法，不强加父母的意愿。孩子也有自己的生活，父母若不认同，不要轻易去责难。正确的做法是，父母应清楚表达自己对该事的看法。然后，同孩子进行积极民主的沟通。也许一时改变不了孩子的意愿，但保留了沟通的渠道。

　　2.承认、接受孩子有自己的价值观。孩子不可能全盘接受父母的价值观。他们是独立的个体，会有各种个人的想法。要想和孩子做朋友，就得承认、接受他们有自己的价值取向。唯有如此，才能进一步引导孩子，不致亲子间有隔阂。

　　3.多用自身的行为影响孩子。身教胜过言教，要想孩子拥有积极、健康的生活，最好以身作则。平时，通过自己的言行，传达健康、积极的生活观，采用有益身心的生活方式。孩子在这种熏陶中，才能被正确引导。

7. 孩子表达情绪的方式

　　有一天，阳阳回家后，闷闷不乐的。做事情时，也没什么兴趣，懒懒散散的。他平时大大咧咧的，这是怎么了？看着他沉默，我知道他准是碰上事情了。

　　晚上吃完饭，我让阳阳帮忙拖地，我边收拾屋子，边和他谈心。

　　话匣子打开后，阳阳抱怨说："真是没意思，太不公平了。"原来这次班委竞选时，老师直接任命毛兵当班长了，都没有进行投票。阳阳觉得，虽然他成绩不及毛兵，但领导能力强，和同学关系好，如果投票，他更有希望。

　　我一直用心倾听着，任他把抱怨全说了出来。我猜想，老师这样做一定是有隐情的，但阳阳不明白，产生了负面情绪。阳阳和我聊天后，心情好了些，他独自进屋了。

　　晚上，阳阳也没看电视，在屋子里没出来。我和苏宁坐在客厅里，看着我们熟悉的电视剧。突然,只听阳阳在卧室里,大吼了一声,还传出了捶床的声音。苏宁吓了一跳,赶紧起身要进去看一看。我见了,连忙拉住了他。我说:"别去,让他发泄一下吧,这样好。"

在这种事情上,苏宁是很尊重我的。听我这样说,他又坐了下来。

我知道,男孩子表面上大大咧咧,其实内心很脆弱。他们心里不痛快了,不会哭呀、说呀,而喜欢大喊、大叫,或采用激烈的运动方式来发泄。我悄悄跟苏宁解释,他也表示认同。原来除了男孩,男人也如此。

孩子也是有情绪的。这些情绪,孩子会采用各种方式表达,有直接的,有含蓄的。父母唯有了解了孩子表达情绪的方式,才不会出现错误的教育行为。

教子建议

1. 沉默是情绪抗议的苗头。孩子情绪的晴雨表中,沉默往往预示着雷雨的降临。任何时候发现孩子沉默了,父母要更小心,别去激怒或压制孩子。孩子的负面情绪,一定要及时察觉,并迅速帮孩子排解,让孩子早日走出阴影。

2. 理解孩子大喊、大叫、发脾气。作为孩子,通过大喊、大叫、发脾气来表达情绪,是非常正常的一件事,特别是男孩。此时,父母千万别批评他们发"疯",而应表示理解、接纳。没有父母的批评、压制,孩子更容易恢复平静,走出坏情绪。

3. 鼓励孩子多用语言表达情绪,说出心事。孩子一旦有了负面情绪,别闷在心里,能说出来最好。孩子心情不好时,父母可主动同其聊天,或鼓励他与朋友聊天。总之,能通过语言描述情绪是一种能力,也能帮孩子获取他人的理解和帮助。

8. 孩子爱生气

有一次,我下班回家,远远地看见前面有一大一小。小的在前面跑,大的在后面追,身影很熟悉。没走多远,我就认出来了,正是阳阳和苏宁。

我赶紧过去,原来阳阳生气了,他不理爸爸了。苏宁说,刚一出家门,他就要去超市,还非得要吃糖。当时,阳阳正在长牙,我们严格限制他吃糖。偏偏楼下有个大超市,阳阳知道那里有卖糖的,小家伙不管三七二十一,就冲进了超市。

阳阳抱着糖就往门外走,售货员见了,直盯着苏宁看,苏宁没办法只能掏钱了,谁让阳阳正在气头上呢。

最近一段时间,我们发现阳阳特别爱生气。动不动,小嘴就噘上了,一副不乐意的样子。他刚刚两岁,小小的人儿,哪来的那么多气?

有一天,他正在沙发上看《婴儿画报》。翻了一遍后,他要我拿下一本。

我正跪着擦地板,一时走不开,就让他自己去拿。没想到,他气冲冲地进屋,翻到了书,还走过来吼我:"坏蛋!"我见了,气也不是,笑也不是。

有一天,他想看动画片了,就自己去开电视,结果把电视乱按一气,全乱套了。苏宁见了,就说:"你不会,别乱动。"阳阳一听,生气地说:"你坏,你是虫子。"苏宁一听,也是哭笑不得。

苏宁笑着问我:"阳阳像个气包一样,别碰他,谁碰咬谁,真厉害。"我也纳闷,这孩子是怎么啦,长刺啦?

往往一件我们认为微不足道的事情,阳阳的反应却很强烈。虽说,他生气时的样子、表情、声音很可爱,但我还是有点担心,怕他太生气,气坏了自己。

有时候,为了一点小事,阳阳可以气得哭一场,半天不说话,不理我也不理苏宁。我们若去劝他,主动献殷勤,他会再次爆发。

针对这个现象,我赶紧到处咨询,问问别人的孩子怎么样。结果我发现,这个年龄段的孩子都一样,特别爱生气,是幼儿一种正常的心理发育现象。

孩子两岁左右,爱发脾气是正常现象。这个阶段,孩子易冲动,自制力差,对挫折的容忍度低。他们喜欢通过发脾气来表达情感,是一种正常现象,父母们千万别太担忧。

教子建议

> 1. 找准孩子发脾气的原因，对症下药。孩子发脾气，一般有如下原因：需求未被满足、被忽视了、不被理解了、满足被延迟了等。父母可找准原因后再采取措施。例如，保持冷静，温和地与他沟通，靠近他，抱抱他，理解他的情绪等。
>
> 2. 孩子无理取闹，可视情况不理会。有时候，孩子出于试探，故意哭闹。此时，父母要站稳立场，前后教育态度要一致，不能心软。孩子见自己无法控制父母，自然就不闹了。否则，孩子一次得逞，会次次耍无赖，次次让父母头痛不已。

9. 孩子爱撒谎

阳阳两三岁时，我发现他会撒谎了。

有一次，他尿床了，早晨醒来后我们才发现。我问他："尿啦？"他赶紧狡辩说："没有，我热，流汗了。"苏宁在一旁听了，笑夸："咱儿子是天才。"

我赶紧让他闭嘴，阳阳准是觉得尴尬，想自我保护，就随口狡辩了。

还有一次，一群孩子在楼下玩，阳阳也在。我下去喊阳阳吃晚饭，正好听见他说："我爸爸给我买了一把冲锋枪，可以冒火的，可厉害啦！"大家听了，都愣愣地看着他，想必他们只在电视上才看见过冒火的冲锋枪吧。我见状，赶紧叫走了阳阳。

前几天，阳阳总问苏宁："爸爸，有能冒火的枪吗？我好想要一把呀。"苏宁告诉他，玩具枪都不能冒火，有一种仿真手枪打火机，倒是可以冒火。没想到，阳阳太想拥有这种枪了，就把不能实现的愿望通过谎言实现了。

上小学后，阳阳有一段时间，一回家就玩滑板。有一天他玩得太投入了，竟然忘了写作业。到学校后，他才猛然想起来。老师询问时，他竟然说："作业本忘带了。"事后，老师打电话问我情况，我见状赶紧替他承认了。

晚上，阳阳回家后，我还没有质问他，他就把头低着，很害怕的样子。我知道，他这是愧疚，毕竟他故意撒谎了。我见他有悔意，就对他说："滋味不好受吧？这就是撒谎的滋味。好了，我不批评你，你快去赶作业，明天再带过去吧。"

写完作业后，阳阳走过来说："妈妈，我再也不撒谎了。"我看着他，点点头说："妈妈知道了，洗洗早点睡吧，知错能改还是好孩子。"

阳阳知道老师给我打电话了，晚上一回家，怕我批评，就一直低着头，很害怕。其实我很生气，但是看他有悔过之心，我就没有严加批评。谁没说过谎呢，只要孩子还有羞耻心，讨厌撒谎，他就还有救。

撒谎是一种常见的行为。大多数孩子三岁前，就学会说谎了。到了七岁，98%的孩子都说过谎。但孩子还是天真纯洁的，他们说谎也要视原因、性质而定，不可一律责罚。

教子建议

1. 识别孩子的各种无意识撒谎。孩子年幼时，有一些谎言，不属于道德意义上的撒谎，不应被责罚。例如，把愿望、想象变成了假话，摆脱尴尬、自我保护的狡辩等。比如前者，它是孩子大胆的想象，可鼓励他说下去，这还是创造性思维的训练呢。

2. 宽容孩子的错误，别逼孩子撒谎。孩子常常会犯错，面对过错，会有恐惧心理。父母要用宽容手法，别太严厉。一旦孩子怕受罚，就常会出现为逃避惩罚而说谎。父母用幽默、宽容对待孩子过错，孩子才会坦诚认错，积极改错，远离谎言。

3. 孩子勇于认错，应赏识、既往不咎。孩子有意识地撒谎后，哪怕情节严重，若他能承认错误，也要给予赏识。这样，孩子才会明白诚实的重要性，才会愿意悔过自新，远离谎言。如果认错了，却招致责罚，孩子会害怕认错，宁愿撒谎。

10. 上学不是累差事

我有一位朋友,儿子小名叫龙龙,现在在重点中学上学,是一名尖子生。最近一段时间,眼看要高考了,儿子却出问题了。

她对我说,儿子现在很紧张。每天,只要少看一小时的书,就会头疼。龙龙觉得,他少看了,就会有几十个人超过他。年初,龙龙的症状更明显了。他时常头疼,觉得烦躁,后来发展为全身疼痛,坐立不安,整夜失眠。

龙龙常常怀疑,他是得了什么重病。朋友非常着急,他觉得孩子的心理出现问题了,便带他去看心理医生。龙龙在等待就诊时,执意说自己心理没问题,是腰椎出了问题。最后,他丢下妈妈,独自去骨科拍片了。

拍片结果显示,龙龙的腰椎没问题。随后,龙龙又看了许多科室,从头到脚都检查了。医生说,他的身体没问题,毛病在心理上。

我告诉朋友,要赶快带龙龙去看心理医生。目前,90%的在校学生,因学业压力,造成了不同程度的心理疾病。并且,这一趋势在向低龄化转变。大多数孩子认为,上学是件累差事,上学是迫不得已的。

学校、社会、家庭、孩子自己,各方各面都在向孩子暗示:必须读好书,否则,就是一个失败的人。

虽然,有许多成绩差的孩子,日后发展非常好。但是,孩子只要在校一天,就得受到这种学业压力的折磨。孩子一天不成功,就得时刻承受学习的痛苦。

孩子觉得学习累,并不是学习真的累,只是心累。太多的精力用于抱怨、担忧、逃避,进而精神压力过大,原来并不累的学习,也变得更累了。

阳阳自从上学后,我就不想向他施压。向来,我都不关注分数,只在乎他的学习过程。只要他尽力了、有进步了,我就表扬他。从家庭方面而言,阳阳没有学习压力。渐渐地,阳阳把学习当成了一种竞争活动。他只要进步了,就非常有成就感,退步了,也不会被批评。

孩子觉得学习累,是因为错误的学习观。学习不是为了分数,是为了求知,为了更了解世界。学习是为了增进自己的能力,而非升学。孩子有正确的学习观,才会把学习当成乐事。

教子建议

　　1. 帮孩子树立快乐的学习观。最初，孩子接触学习时，就要让孩子知道，学习是件快乐的事。小时候，孩子在求知欲、好奇心的推动下，能够快乐地学习。正式学习后，还要发扬这种精神，激发孩子的学习欲，让孩子主动学习，学习会更快乐。

　　2. 别对孩子期望值太高。许多孩子，觉得学习枯燥、累，是他们把学习当任务看了。父母的高期望，加重了孩子的学习压力。明明孩子成绩中等，每次都嚷着，必须考第一。这样的期望，直接导致孩子认定：学习是件苦差事。

　　3. 利用各种方法，帮孩子减压。一旦父母发现，孩子的学习压力过大时，就要积极帮助孩子减压。例如，不再强调高分，增加玩的时间，减少补习、培训；赏识孩子的点滴成绩，让他有成就感等。

11. 读懂孩子的暴躁

　　从小学到初中，阳阳的成绩一直不错，让我很欣慰。一直以来，我给他的好建议，他也总是欣然接受。

　　阳阳上高中后，考个好大学成了他的压力。一直以来，阳阳最心仪的是清华大学。他的成绩也一直排在全校前五名，从未下过十名。处在重点高中，还是尖子生，他想上清华，只要正常发挥，应该不是难以实现的梦。

　　不知从何时起，一直心态不错的阳阳，也开始浮躁了。时常，因为一点小事，他会大发雷霆。我看着他，觉得他的心里像有一座小火山。为了迁就他，我对他更加依顺，结果却发现他的情绪更加反复无常。

　　最后，我这个妈妈，面对这么个大儿子，却无法沟通了。在我和阳阳关系紧张后，苏宁成了我俩的"传声筒"。

　　有一天，阳阳对我说："讨厌你事事管我。"我当时听了，心里十分委屈。我哪有事事管他，我只是比较关注。看来，我的关注也成了阳阳的压力源。

　　阳阳的暴躁，我也查阅了相关资料。我发现，这是他成长过程中必经的阶段。高中了，他的思想、心理更加成熟，有了独立的见解和判断。此时，他更渴望被看作成年人，渴望在父母眼中，他是个成熟的个体。

　　其实和从前比，我早已在诸多事情上放权，从不过度限制阳阳。可能现在的阳阳，他不想要丝毫的限制了。所以，我偶尔的母爱流露，他也不想接受，觉得是羁绊了。

　　阳阳也知道，现在他的人生掌握在自己手中。他明白其中的责任，一考定终生，他的压力也非常大。

　　统观这些情况后，我决定，更加尊重孩子。他能做主的，哪怕是学习志愿的事，我也不再过多询问，我尊重他的决定。

　　我没有明说，只是在生活中向他暗示：现在，妈妈相信你，相信你的判断，你的事，妈妈不再过多询问。我转变态度后，阳阳的暴躁明显降温了。

　　孩子的每一种心理，都有它形成的原因。唯有理解孩子的父母，才能抚平孩子的情绪，在关键时刻，让孩子始终保持积极、正向的心理状态，是给孩子最好的礼物。

教子建议

　　1. 理解孩子青春期的暴躁。孩子进入青春期，一般在高中前后，会常常情绪暴躁。这种现象，表明孩子要真正走向成熟，变得更独立了。父母若还像管小孩子一样，会常常激怒孩子，让孩子像一座火山。唯有理解、尊重、爱，才能抚平孩子的暴躁。

　　2. 教孩子正确排解情绪的方法。心理学上，有许多排解坏情绪的方法。例如，情绪转移法、倾诉法、运动发泄法等。父母可适时教孩子一些，让他用正确的方法，对付自己的坏情绪。别因为暴躁，伤了自己和最爱他的人。

　　3. 不能一味迁就，尊重孩子时要求他也尊重父母。孩子太暴躁，也不能一味迁就。许多事情是有是非标准的，一定要坚持。生活中应

> 尊重孩子，尊重他的情绪和决定。同时，也要求孩子尊重父母，不能随便乱发脾气，用暴躁伤害父母。

12. 别当孩子的撒气筒

阳阳越来越大，他时常话越说越狠。

有一段时间，他学习压力大，心情非常不好。回到家，常常把气撒到我身上。我觉得他学习压力大，就时常迁就他、忍着他。

没想到，阳阳见状，却变本加厉了。

有一天，他回家后，我唠叨了一句："快吃饭吧，都快凉了。"

阳阳听了，没好气地说："烦不烦啊，凉了怎么啦？"

我见他脾气很暴躁，就进屋不想理他了。阳阳见了，就开始在屋里摔凳子，弄得"砰砰"乱响。

自从上高中后，他总喜欢发火，我常常觉得很委屈，只能自己忍着。阳阳都这么大了，自尊心也很强。我怕自己跟他吵，会让儿子和我更隔阂。

每一次，阳阳冲我发火后，我一连几天都缓不过劲来，觉得很伤心。有时候，我想想这么多年的付出，还觉得很寒心。

有一次，苏宁见我又在叹气，知道我被阳阳气着了。他就找到阳阳，问他："你这样伤害妈妈，不觉得愧疚吗？她那么爱你。"阳阳听后愣住了，他小声说："我也挺后悔的，自己脾气太大了。"苏宁劝他说："既然后悔，为什么不去道歉？"

阳阳一听，马上说："道歉？她是我妈哎，还用道歉吗？我不相信，她会真生我的气。"

事后，苏宁将话转达给了我。

我心想：难道就因为我是他最亲的人，他就可以肆无忌惮地伤害我吗？将来，他有了爱人，有了孩子，也这样去伤害吗？这可不行。

我知道，阳阳脾气急，这是他的个性。但是，我不能纵容他随便去找亲近的人撒气。我是他妈妈，但并不代表我不会真生他的气。每一次见他如此鲁莽，我都是真生气的。

后来，阳阳又朝我发火了，我等他平静后，非常严肃地说："妈妈不想跟你硬碰硬地争执，只是体谅你近期的压力。你这样做，妈妈很伤心。"

阳阳其实是个懂事的孩子，他见我这样说，不再迁就他，反而冷静、理智了。此后，阳阳就很少向我莫名地发火了。我尊重他，他也要学着尊重我。

孩子越大，越渴望被尊重。此时，孩子也会意识到，他也得尊重他人。父母面对孩子的不尊重，一味迁就，只会纵容孩子的坏脾气。很多时候，敢讲原则才是真正地爱孩子。

教子建议

1.教给孩子一些制怒的方法。其实，孩子随意发火，事后也会后悔。孩子是还不懂得制怒，在亲近的人身边，更自由随意。父母可教孩子一些简单实用的制怒方法，例如暗示自己冷静、打坐、冥想、写写日记等。

2.被孩子伤害后，别隐藏自己的情绪。父母被孩子伤害后，别一味迁就、忍让，让孩子肆无忌惮。父母要明白，不能让孩子觉得，父母是他的奴隶，得一心为他服务。孩子这样想，会滋生自私心理，变得不懂感恩。

3.与孩子平等、民主地谈矛盾。亲子间有冲突了，双方地位应该是平等的，可好好谈一谈问题所在。父母不要强权，孩子也别霸道，双方都理智地来解决问题。孩子一味向父母撒气，并不能解决问题。

13. 倾听能打开心灵之门

有一天，阳阳生气地说："妈妈，你要是再笑话我说话，我就再也不说了。"

阳阳刚上幼儿园，每天放学后，总会向我报告他的事情。

最初，我习惯于插话，评价他的事。有时候，我觉得他很幼稚，还会嘲笑他一下。虽然这种嘲弄，是以开玩笑性质进行的。

终于有一天，阳阳不乐意了，他向我抗议："你听我说嘛，别老说你的。"

看阳阳一脸不情愿的表情，我意识到，我又犯错了。

他强烈抗议后，我就安静了下来，用心听他说。

我发现，当我不插话，只用"嗯""然后呢""不错"等简短的态度语回应阳阳时，阳阳的话匣子"呼"地一下，全部打开了。静下心来听，我发现原来儿童的世界也是缤纷多彩的。

常常听阳阳的心事，我也能及时、准确地了解阳阳的生活状态，摸准他的喜怒哀乐。阳阳的兴趣，阳阳的"老虎屁股"，我都摸清楚了，更重要的是，我也知道了阳阳的梦想。

阳阳的梦想是环游世界，他很认真。

我听后，并没有嘲笑他，有这样梦想的人，实在太多了，但成功的太少了。我和阳阳商量如何能环游世界：第一，要学好外语；第二，要有能支持他环游世界的一技之长。

有了这个梦想的激励，阳阳跟着我学英语更积极了。三四岁时，他就已经认了不少单词，会一些简单的日常口语了。他听说当画家可以去世界各地写生，就嚷着要学画。三岁左右，阳阳就自愿去学画了。

阳阳有了心事，都想第一时间赶回家告诉我。他报告了喜讯，我就陪他一起高兴；奇事，我则鼓励他去探索；错误，我则引导他反省、改正；积极上进的事，我就鼓励他参与。

因为我愿意倾听，阳阳的秘密、憧憬、愤怒、激动，就像一张清晰的晴雨表，呈现在了我的眼前。我听阳阳说多了，也学会了用他的视角，看看周围的世界。

孩子感受到了理解和尊重，才愿意接受教育，才会把父母当朋友。倾听就是一扇通往孩子心灵世界的大门，父母唯有走入这个世界，才能将正确的引导悉数高效地传递给孩子。

▼ 教子建议

1. 专心倾听，流露出愿意倾听的态度。家长听孩子讲话时，态度要端正，不要流露出不耐烦、不尊重的举动。例如，看手表、抠耳朵、打哈欠、东张西望，这样会影响孩子的倾诉。父母表现出真心情愿的倾听姿态，孩子才能尽情吐露心语。

2. 以引导为主，别强制孩子认同父母的观点。交流中，孩子常会流露出一些错误、消极的观点。此时，父母别批评、训斥孩子，要以倾听、认同、引导为主，别强制孩子认同父母的正确看法。保持沟通渠道，才是交流中最重要的一点。

3. 交流中，要弄懂孩子的心思及兴趣。父母在倾听中，要透过现象看本质，弄清孩子的兴趣所在、梦想所在，然后加以引导，帮助孩子提升自我，尽量满足孩子的兴趣方面的需求。父母善于倾听，孩子才会有一个激情洋溢、幸福美好的童年。

14. 语气差才是祸首

有一次，班上组织爬山，阳阳很兴奋，早早地开始准备。

可惜天公不作美。那天，他刚出门，天就下雨了。

阳阳阴着脸回家了，进门时，他用力"砰"地关上了门，吓了我一跳。我见状，讽刺他："怎么啦？下雨是门的错吗？不是还有下回吗，干吗呢？"

阳阳本不想发作，被我一说，情绪失控了，他呜呜地哭了。

我见状，纳闷地说："我说什么啦？怎么你也要'下雨'？"

阳阳一听，心里更不是滋味，他冲进卧室，关上了门。

我也很懊恼，进屋跟老公抱怨："咱儿子是不是太敏感啦？我没说什么，他倒先哭上了。"

老公叹息着说："你呀你，跟他说话，非要用这种语气吗？他心情不好，你语气还不好，不是想去'点炸药'吗？"

我反驳说："怪我的语气？"

其实我深知，在亲子交流中，许多不必要的冲突，都是由语气引发的。

有时，孩子本没有情绪，我们语气太差，反倒激起了孩子的怒火。其实，我并不想让阳阳伤心，只是想说明道理，让他宽心。结果语气不好帮了倒忙，还不如不说呢！

我看阳阳真伤心了，又开始心疼。我不便去劝，就进了厨房，想为他做顿好吃的，以此道歉。

我叹了口气，心想，早知现在，何必当初呢？

我们在和孩子交流时，或图一时的口舌之快，或想卖弄权威，结果语气太差，伤到了孩子。事后，看着孩子伤心的样子，往往又后悔，想要弥合。结果白白消耗了亲子间的情分。孩子年纪越大，这种伤害会越深，愈合时间会越长。

这些道理我都懂，但一疏忽就犯糊涂。

要吃午饭了，我让老公去叫阳阳，他去了。

不一会儿，阳阳出来了，看着满桌子他爱吃的菜，也明白了我的心意。

我轻声说："阳阳，吃吧？"

阳阳乖乖地过来了。这一顿饭，吃得很安静，但我知道，阳阳已经原谅我了。

我知道，有些不经意的伤害，需要时间来愈合。当然，不去制造伤口，才是最好的相处模式。

语气的作用说小不小，它能反映出说话者的态度。是平等的，是盛气凌人的，是谦恭的，还是愤怒的，都能由语气透露。语气显示出说话双方的关系，孩子对父母的语气很敏感。

教子建议

1.忌权威姿态。妈妈要先放平心态，不盛气凌人，才能同孩子心平气和地交流。妈妈语气太差，多半是心理上早认定高孩子一等。父母的权威心态，是语气差的首因。

2.语气是父母表达爱的方式。妈妈要用尊重、平等的语气，向孩子传达爱意。妈妈的语气柔和，孩子能立马觉知。一种健康、有效的亲子交流模式，正需要这种尊重、平等的交流语气。

3. 学会察言观色，体谅孩子的情绪。不要因为坏语气，引发一场亲子战争。父母说话前，要先想想孩子的情绪状态。父母只图自己口舌之快，不顾及孩子的情绪，是导致亲子战争的主要原因。

15. 听懂孩子的"话中话"

一两岁时的阳阳，常常令我头疼。他常会提出各种要求，我若不理他，他就闹个不停，可我照做了，他还是发脾气。一时间，我百思不得其解，认定他就是胡闹，想折磨我。

当时，阳阳会的话不多，都是一、两个字地往外蹦。他若不满意，就一个劲儿地喊"不是"，弄得我手忙脚乱的。可发生的一件事情让我改变了看法。

一天晚上，我照惯例给阳阳冲好奶粉，哄他喝完好睡觉。他一口气喝完了奶。我突然记起厨房在烧开水，见他喝完了，就把奶瓶放在床头柜上，转身要去厨房。

我刚抬脚，阳阳不睡觉，扭过身子嚷："奶瓶，奶瓶。"我以为他要奶瓶，就赶紧递给了他，没想到，他一把扔开，开始烦躁地哭闹。我赶紧问："是不是要喝，还没喝饱？"他不理我，还是哭。我见状，赶紧去加了点过来，阳阳不要，又推开了。

这时，阳阳又说话了："水，水。"我猜想，难道要喝水？我就倒了点水递给他。没想到，他还是哭，不停地说："水，水……"我急得不行，又不知道他怎么了，就认定他在闹觉了。

这时，厨房的水开了，我赶紧说："宝宝别哭了，水开了，妈妈去关煤气，帮你烫奶瓶，我要去洗奶瓶了。"

阳阳听后，马上不哭了，指着奶瓶说："奶瓶，洗，洗。"

顿时，我恍然大悟。

原来，平时阳阳一喝完奶，我会拿起奶瓶进厨房，为他烫奶瓶。这一系列的程序，阳阳记得比我还清楚。我常对他说，奶瓶要及时烫，不然会生细菌，喝了会肚肚疼。刚才阳阳见我没拿奶瓶去烫，而是放在了

47

床头柜上,他就急了。

搞了半天,原来阳阳是在暗示我,要我去洗奶瓶。我没听懂他的"话中话",才闹出了这么多事。

我赶紧安慰他说:"是要妈妈去洗奶瓶,对不对?"

阳阳赶紧点头。

我去洗奶瓶后,阳阳也遵照我的话,乖乖躺着睡觉了。

出门前,我还夸奖他说:"宝贝真乖,会催妈妈洗奶瓶了,睡吧。"他这才安稳地睡下了。

年幼的孩子语言储备少,常常出现词不达意的现象。细心的父母唯有耐心分析,摸准孩子的"话中话",才能打通沟通中的隔阂。不是孩子爱闹,是我们没弄懂孩子的心思。

教子建议

1. 保持耐心,学会拓展孩子的"话中话"。小孩子喜欢用一个事物,指代一种因果关系。如说"门",表示要出门去玩,说"药",可能是他哪里不舒服等。爱用个别事物指代一类事物,如说"牛",其实是在指羊、马、驴等动物。父母唯有拓展孩子的"话中话",保持耐心,多征询一下孩子的意思,才能尽快理解孩子。

2. 常给孩子读故事、解释名词,增加孩子的词语储备。孩子一两岁时,已经具备了一定的思维能力,此时许多话,他们不会说,但已经能听懂了。多读一些故事,多讲讲各种事物的含义,能增加孩子的词汇储备,提升孩子的表达能力。

3. 鼓励孩子多用语言表达,少用手指或哭闹。平时要鼓励孩子多说话,别总用手指或"哼哼"或哭闹来表达心思。他一旦习惯了说话,哪怕话不多,父母配合其他细节,也能更快猜透他的"话中话"。

16. 交流需要合适的场所

孩子虽然小，亲子交流时，也需要一个合适的场所。孩子在心情最为平静、感到最安全的地方，最适合交流。

阳阳小时候，我每天都会抽出一段时间，陪阳阳聊聊天。

有时候，我选择吃饭前，听他讲讲当天学校的事。他一边说，我一边细心地听，只偶尔插话发表一下意见。

渐渐地，阳阳养成习惯了，一回家就先跟我讲讲他的事。我一边准备晚餐，一边听他说。偶尔请他帮点小忙，例如摆桌子、拿杯子之类的。我们这样聊天，阳阳很自在，也很高兴。

有时候，我趁阳阳洗完澡，安排他上床时，会问问他："今天，有什么不顺心的事情吗？"阳阳会想一想，把一些他担忧、不开心的事，跟我说一说，听听我的主意。

后来，阳阳养成了一种习惯。每当他有不顺心的事，也会选择在大家都忙完了，要上床睡觉时，来到我身边跟我聊一聊。

我会帮他分析分析问题，解解他的隐忧，宽慰宽慰他，帮他想想办法。

吃饭前，人的情绪最高涨，是最渴望与人分享的时刻，一天之中最刺激的事，适宜在这个时间来交流。睡觉前，人习惯于反思一下一天的言行，喜欢想一想精神上的困惑。这个时段，适合于谈深刻、困惑、麻烦的精神忧虑，人在这两个时间段，心情也是最平静的。

我陪阳阳聊天时，不论他说什么，我都会耐心地听他讲完，理解他的各种怪情绪。有时，阳阳也会有负面情绪，比如考试被人超过了，他嫉妒地想报复。我会告诉他，这样的想法很正常，是人人都有的嫉妒。报复只会带来更多困扰，但将嫉妒化为竞争心理，就"变废为宝"了。

每天能在合适的时间、场所，陪孩子聊聊天，及时了解孩子的生活状态，弄清他们的喜怒哀乐，打开孩子的心锁，给孩子最需要的引导，是给了孩子一碗成长的心灵鸡汤。

教子建议

1.忌强制性交流，忌追问孩子的私事。父母每天应抽出点时间，陪孩子聊聊天。但在交流中，别滥用权威，追问孩子的私事。有些事父母想知道，孩子却不愿说，就要尊重孩子的交流意愿。唯有尊重，孩子才愿意长期和父母保持交流的习惯。

2.交流时，父母要保持冷静、理智。交流中，总会碰到孩子犯错了、思想不正确的时候。此时，父母要保持冷静，弄清问题形成的原因。别一听孩子闯祸了，马上想惩罚。孩子受到惩罚的威胁，自然就不愿意再交流了。

3.孩子情绪极度波动时，不适合交流。交流是为了了解情况，解决一些生活矛盾，把握孩子的情绪脉搏。孩子情绪极度波动时，适合于先发泄情绪，使心情恢复平静，然后再开始交流，这样更利于发现问题、解决问题。

三、尊重与信任修行：放手不放任，
捍卫孩子的主人翁意识

◆ 1. 捍卫孩子的自尊和自信

一年夏天，我和阳阳去公园玩。

进门后，湖水映入眼帘，一只只彩船在湖中穿梭。阳阳见了，马上嚷着要划船。我看了看说："只有我和你，怎么划？"

阳阳不理睬，执意要划。我把他领到了湖边，指着湖面说："你看看，哪有两个人划的？"阳阳仔细一数，果然都是四个人。他有点失落，只好跟着我走。我们是来看荷花的，要走到岸那边去。

没走几步，阳阳停住了。他说："妈妈，我们再找两个人，不就能划船了吗？"我一听，也有理。这儿人虽不少，但谁能保证有两个人正好也想划船呢？我觉得挺麻烦，没作声。阳阳猜出了我的心思，他问："妈妈，你怕麻烦吧？这事我来做。"

我劝他："我们说好看荷花的，你怎么执意要划船啊？"阳阳表示，划船时也能看荷花。我看着他倔强的神情，依了他。

我俩来到了租船点，我坐在树荫下，任阳阳跑去问人。没想到，一会儿他还真找到了一对母女。这样，我们四人拼了一只船。一路上，阳阳很兴奋，划得也卖力。看他自信的模样，我心里很欣慰。

一路上，我从被动到主动，完全被阳阳的热情感染了。我是妈妈，跟着儿子的想法走，没想到也玩得如此尽兴。船到了荷塘边时，我们不禁欢呼。因为我们到荷丛中了，伸手即触着荷花了。捧着一朵荷花，阳阳留了影。岸上的人见了，也非常羡慕。

晚上，老公听完我们的经历，夸奖阳阳："像个男子汉，有魄力，有办事能力，不错！"

能被爸爸夸，阳阳很高兴。我也很庆幸，今天尊重了阳阳的决定。

生活中有许多事，可以听听孩子的建议。孩子能自由发表意见，会欣喜，会觉得被疼爱。意愿一旦被遵从，会感受到尊重。这些感触都能增强孩子的自信心，捍卫他的主人翁意识。

教子建议

1. 邀请孩子参与家庭事务，鼓励他自由发言。家里要购物、要组织集体活动，不妨多征询孩子的意见。孩子有发言权，会觉得他是家庭的一分子，能增强责任意识及家庭观念。

2. 孩子的事，请孩子来做主。孩子的吃、穿、住、行、玩，这些和他密切相关的事，要请孩子来做主。孩子乾纲独断，培养了独立性，更培育了主人翁意识。自己的事自己办，提升了孩子的个人能力。

3. 鼓励孩子勇于尝试，赏识孩子的主见。孩子想做主，想去尝试新事物，父母要给予支持。孩子干得好，父母的赏识能促进良性循环。孩子有主见，能实践个人意愿，才会变得更加独立，逐渐走向自立。

2. 为自己的选择负责

暑假快到了，阳阳和我商量，说他想去参加一个夏令营。

我问："多长时间？"

他说："一个月。"

听到这里，我愣住了。暑假总共两个月，他就要把一个月的时间交给夏令营。虽然他自理能力不错，但毕竟还是孩子。阳阳十岁了，他要长时间地离开，我不太放心。想到这里，我有些心疼，便沉默了。

阳阳看了看我，说："妈妈，我不怕苦。"

我说："那你想妈妈了，怎么办？"

阳阳说："一个月后，我就回来啦。"

我心想，你倒是没有儿女情长。阳阳的语气和神态，流露着对夏令营的向往。他是不是正向往着离开父母，过更独立自由的生活？一直以来，我希望阳阳独立，也刻意在培养。如今看他不留恋，这么想独立，我竟然又伤感了。儿子和母亲，面对分离，情感竟然不同啊。

阳阳一天天长大，肯定会离我越来越远。这是他的人生，我无权干涉，我得放手，哪怕我会舍不得。我答应了他，送他去了报到处。他下车后，我目送他，他竟然没回头。我猜想，我这独立的儿子，正在想那即将面临的磨砺吧？都忘记了回头。

我回想，当我答应他时，他高兴地大叫了起来。我只得叮嘱，这是你的决定，由你全权负责。阳阳点点头，他也知道夏令营除了欢乐，也有挑战和辛苦。但是，独立而倔强的阳阳，愿意去吃这种苦。

这一个月，我很煎熬。我习惯了儿子在身边的日子，我担心阳阳，不知道他怎样了。他参加的夏令营很特殊，不准打电话，不能上网，家长不能看望，每天的行程都安排好了。主办方希望孩子在这种模式下，能完全摆脱对父母的依赖心理，变得更加独立。

一个月后，我的阳阳回来了。我看了一眼后，一惊，他变得又黑又瘦了，我开始心疼他。阳阳冲我咧嘴一笑，他说着他的见闻，他的英勇事迹。我忍不住问他后悔吗，阳阳看看我说："刚开始有点儿，真想回家。不过，我坚持下来了，现在一点儿也不后悔。"

听他这么说，我心里的石头落地了。我的阳阳，他倔强地要吃苦，他瘦了，但也长大了。

有时候，孩子的意愿很强烈。那么，就尊重他吧，再轻轻嘱咐一句，你的选择你负责！我相信，多数孩子会愿意负责。哪怕这个选择，是让自己去吃苦，苦过之后，孩子也长大了。

▼ **教子建议**

　　1. 孩子想吃皮肉苦，我们应给予支持。时常，孩子坚持的意愿，会让他们吃皮肉苦。孩子主动要求吃苦，我们应该欣喜，更要舍得由他去。父母的放手，将收获孩子的成长。

　　2. 鼓励孩子从一而终，坚持决定。孩子决定做一件事，就要有始有终。途中遇到挫折和变故，也要坚持到底。孩子处于困境中，父母要做"加油站"。孩子做事从一而终，是责任感，也是毅力的展现。

　　3. 父母要调节心理依赖，舍得让孩子自由。父母在养育孩子过程中，会对孩子产生一种心理依赖。如果想时时看着他、处处照顾他，会导致孩子长不大、能力弱。父母应放开手，让孩子自由地走，摆脱心理依赖。父母看着他的背影，把爱藏在心中，才叫明智。

3. 兴趣变特长，特长成理想

　　我有位朋友叫欧文，是一名小提琴家，是国内某一流交响乐团的成员。

　　欧文的儿子，怀在肚子里时就天天听他拉琴。欧文希望，儿子也成为小提琴家，子承父业。他用心经营，想为儿子铺一条金灿灿的音乐路。

　　小欧文出生后，对小提琴非常敏感。每当他哭闹时，爸爸一拉小提琴，他就安静了。我们见了，都笑称胎教好，在娘肚子里就长音乐细胞了。欧文很欣慰，每天不厌其烦地定时给儿子播放各种小提琴名曲。

　　小欧文三岁时，爸爸教他学琴，他学得很快。有些章节较难，他听一两遍后，能马上记住谱子。我们都暗自赞叹，这孩子真有天赋。小欧文喜欢小提琴，学得也有兴致。不到几个月，就能像模像样地拉好几首曲子了。

　　我们都知道，小提琴非常难学。许多大孩子学了几个月，还常常找不准调。小欧文的成绩，是非常突出的。

　　大约一年后，我再见欧文时，他忧虑地说："儿子现在非常讨厌练琴。"我很惊讶，小欧文是喜欢小提琴的，怎么会这样呢？

　　欧文的妻子说："都怪他，逼得太紧了，孩子不愿意练了。"

原来欧文规定，儿子每天要练半小时，一天都不能偷懒。有几次，儿子玩游戏忘了练琴。为此，欧文关了他一小时的禁闭。最后，小欧文哭着说："爸爸，我再也不敢了。"可是，一段时间后，小欧文又犯了同样的错误。

几次禁闭后，小欧文开始排斥练琴，练琴时很痛苦。每天，欧文一说"该练琴了"，小欧文就满脸的不情愿。练琴时，儿子的错误越来越多，欧文的批评也越来越多。

终于有一天，小欧文绝食了，他誓死不练了。这可急坏了欧文，打也没用了。

听到这里，我叹息着说可惜。我告诉欧文，你的儿子对小提琴是有兴趣的，如果能呵护兴趣，兴趣很容易变成特长。稍加引导，特长就能成为人生理想。这样一来，父子两代人的心愿，都能实现。可是心急的欧文，扼杀了儿子的兴趣。

欧文本以为，孩子自制力差，需要一点儿强制。我笑笑说，当年你练琴时，已经七八岁了，有一定的自制力了，强制有一定的作用。可如今，小欧文才三岁，做事完全凭兴趣，用你当年的学法，肯定不适合小欧文。

听了此劝告，欧文也决定不强迫儿子了。他希望，他能再次唤醒儿子的兴趣。

一个好理想，首先要是孩子的兴趣所在。若兴趣转为特长，理想又前进了一步。孩子能在擅长的领域做梦，才能成就非凡的人生。初育理想时，一定要精心呵护孩子的兴趣。

教子建议

1. 细心观察，找出孩子的强项做理想。每一个孩子，都有自己的强项智能。如，数理逻辑智能、语言智能、空间智能、音乐智能、肢体运动智能、人际交往智能等。用心观察，找准强项，才能帮孩子设定好理想。

2. 培植兴趣，别让理想失去动力。孩子的强项，也正是兴趣所在。每一个强项，都能对应相应的职业。父母可与孩子商议后，选一项职业作为理想。随后的事，就是呵护好兴趣，坚守理想了。不强制，常感受到成就感，才能让孩子有动力。

3. 精心维护孩子的特长，让孩子不断进步。当兴趣已成为特长，孩子在擅长的领域展示自己，才能有成就感，才能推动孩子继续前进。如果孩子有了挫折感，父母应帮他摆脱负面情绪，找出问题迅速改进，找回自信。

4. 尊重孩子的想法

有一段时间，我觉得阳阳的想法特别多，我都快招架不住了。

有一次，他把电动青蛙放在浴缸里，说让它游泳。逗得我和老公哈哈大笑，可别说，小青蛙还真能游泳，不会马上沉下去。有时候，看他把家弄得杂乱无章，我也会有心烦的时候。我常想，他怎么这么能闹？

一天闲来无事，我翻开了一本亲子杂志，上面讲了一个小故事。

有一个小男孩，他在杂货铺前玩。他发现，每个大人都拿一种东西，从老板这儿取回自己想要的东西。小男孩思考了很久，有一天，他也行动了，他拿起了一把石子，走了过去。

小男孩渴望地说："我想要糖果，能卖给我吗？"说完，把石子放在了柜台上。老先生从柜台后抬起了头，看到了一个稚气可爱的孩子。老板愣了愣，便微微一笑说："给，这是你要的糖。"小男孩拿着糖，高兴地离开了。

这个小男孩，就是苏联教育家霍姆林斯基。

看完这则故事后，看了看阳阳，我笑了。原来，孩子的世界，真的和成人不同。有人说，孩子处于童话的世界，半梦半醒地生活着。每个孩子的想象力都超丰富，是成人无法比拟的。为此，他们有了各种怪想法，而这些想法，正是孩子以后开启世界的能量钥匙。

想法激起了孩子的好奇心，召唤孩子去探索，引导孩子去了解这个世界。我们尊重孩子的想法，正是给了孩子开启能量的钥匙。一个想象力丰富、勇于探索实践的孩子，才会创造出更多的新价值来。如果我们用成人的思维来评估孩子的言行，将会扼杀童心。

想到这些，我的内心突然平静了。阳阳的想法多，这多么珍贵呀，我不能扼杀他的潜能。

后来有一次，阳阳拿我的旧皮箱开刀，说要给小兔子做个公寓。我刚看到皮箱的惨状时，真有点儿生气，但我看到阳阳一本正经的样子，马上平息了。前几天给阳阳讲童话故事，想必他又在做梦了吧？作为妈妈，就支持他为小兔子做公寓，这可是建筑师的活儿。

孩子的世界里，有各种千奇百怪的想法，我们不能用成人的思维理解和看待孩子。童心是用玻璃做的，需要我们时刻捧在手心里呵护。

教子建议

1. 学会理解孩子，用童心看世界。孩子和成人，看世界的角度是不一样的。孩子的眼中，世界是一个谜，充满彩色的童话；孩子的眼中，一切皆有可能。成人则现实得多。但是，童心是人类最珍贵的东西，许多优秀的发明、创造，正源于童心。

2. 呵护孩子的好奇心，保护他的探索欲。面对未知世界，好奇心能促使孩子思考，引导孩子主动探索世界。没了好奇心，就没了学习的动力。成长的过程，是不断学习的过程。一定要呵护孩子的好奇心，保护他的探索欲。

3. 尊重孩子的"搞破坏"，欣赏他的好创意。搞破坏能带给孩子乐趣，这是孩子在研究、探索。孩子在破坏的同时，也是在创造。一些好创意，正是破坏的产物，是孩子思考探索的成果。父母要用欣赏的眼光，看待"搞破坏"。

5. 为自己的事情做主

周末一到，我匆匆忙忙赶到学校，接了阳阳就走。走到一半时，阳阳发现路不对，马上问："妈妈，我们去哪儿？"

我说:"妈妈周末要出差,爸爸也不在家,送你到爷爷那里去。"

阳阳很吃惊,马上大声说:"我不去!"

我回头看他,解释说:"如果你不去,就没有人照看你了。"阳阳马上伤心了,开始呜呜地哭,说妈妈太坏了,不要他了。他一边说,一边哭。看阳阳哭得伤心样,鼻涕都快流到嘴里了也不让我擦。

我见状,赶紧靠边停车,安慰他。我心想,才三岁多的孩子,怎么这么倔呢?本以为,这事就这么定了,没想到半路杀出个程咬金。

阳阳边哭边抱怨:"你不要我了,要悄悄送我走,我讨厌你,呜呜呜……"看他这样子,我的头也大了。我纳闷,他平时挺喜欢爷爷的啊,这是怎么啦,出什么问题了?思前想后,我发现怪就怪在我事先没和他商量。

我问他:"你说怎么办?爸爸妈妈都不在家,你太小了,照顾不好自己。"阳阳边哭边说:"爷爷那儿玩具少,没有玩伴,我要在自己家住。"听完阳阳的话,我心想,这个方法也行啊。为什么我没想到呢?只想到直接送去更省心,没想到孩子不愿意。

我听后,马上同意了阳阳的想法,安慰他说:"是妈妈不对,下次不这样了,好不好?我们一起去接爷爷,然后回自己家。"阳阳听后,马上停止了哭闹。后来听爷爷说,周末两天,阳阳在家很听话,教了爷爷很多东西,挺像个小主人。

我发现,孩子虽然小,也有能力决定自己的事,别小看孩子的分析判断能力。如果事情与孩子密切相关,就更应该征询他的意见。不顾孩子的意愿强行做主,是一种强权主义。

◆ 教子建议

1.孩子的事情,他有知情权、表决权。孩子的吃、穿、住、行、玩,只要与他有关的事,他都有知情权、表决权。事前可先问一问孩子,看他怎么看,想怎么做?这是一种尊重,也是一种放手,是鼓励孩子为自己的事情做主。

2.尊重孩子的主人翁地位,不强制孩子。孩子的意见哪怕不可行,也别强制孩子遵从父母的意愿。孩子在自己的世界里,他是主人,不能成了奴仆。父母要放下命令、权威,平等、尊重地对待孩子。

3. 孩子的好建议,要给予大力支持。孩子的有些建议具有可行性,没有大的危害,就应该给予支持。孩子能表达意愿,实践想法,才能培养主见,才能培养独立思考、独立解决问题的能力。一定要支持孩子的好建议,让孩子去实践。

6. 他是我朋友,不准说他坏话

阿龙是阳阳的朋友,两人是同年生的,气味相投,整天形影不离。

有一次,阿龙到家里玩,他太尽兴了,乱扔乱撒的,走之前,家里已是一片狼藉。我看着地板上的纸、果皮、玩具、袜子,眉头就皱了起来。

阳阳送走阿龙后,我对他说:"阿龙太闹了,也不讲卫生,你可别跟他学,不讨人喜欢。"

阳阳听后,脸色马上就变了,他说:"妈,不准你这么说他,他是我朋友!"

我没有理他,继续抱怨每次只要阿龙来,家里就特别乱,以后你俩要想一起玩,就到外面去玩,别给我添麻烦。我自顾自地说着,一回头,发现阳阳的脸色越来越难看了。突然,他生气地冲进了卧室,"砰"的一声关上了门。

后来的几天里,阳阳都和我冷冷的,也没再带阿龙回家玩。我见状,好几次想和他套近乎,都被他冷漠地拒绝了。我觉得委屈,我是他妈妈,怎么说说他的朋友,他还这么介意。

老公开导我说:"你又犯糊涂了吧?阿龙在你眼中,顶多是个别人家的孩子,可在阳阳心中,那是排在前几位的,那感觉可不一样。阿龙是他童年的玩伴,肯定会珍惜的,你想想你自己的童年不就明白了?"

他一说完,我马上就理解了,我怎能忽略阿龙对阳阳的重要意义呢?我和我童年的玩伴,如今一见面还是特别亲热。说起童年的事,那真是一件件如数家珍啊。他们托我办的事,我也会特别热心。这么多年了,我还是非常珍惜那段青葱岁月啊。

想到这些,我决定尊重阳阳的朋友。

整个小区里,阳阳和阿龙年龄相仿,住得又近,能常联系。阳阳没了阿龙,那该少多少欢乐时光啊?我真糊涂,我当年珍惜的东西,孩子怎能不珍惜呢?

后来,我向阳阳表达了歉意,承诺我会尊重他的朋友。听完我的话,阳阳终于原谅了我,又和我亲密起来了。

童年的友谊,弥足珍贵,儿时的趣事,是孩子一生的财富。孩子的童年缺少了朋友,那将是一个孤独的童年。尊重孩子的朋友,才能让孩子更尊敬父母。

教子建议

1. 别当着孩子的面,训斥批评他的朋友。父母当面训斥孩子的朋友,就是不尊重孩子。自己的朋友被批评,孩子会非常尴尬,甚至会愤怒。如果因为父母而失去了朋友,亲子关系容易僵化。孩子会认定父母就是罪人,践踏了他的友谊。

2. 孩子朋友的缺点,应在背后委婉地指点。人都有缺点,都会犯错误。孩子的朋友错了,父母要在背后委婉地向孩子传达。孩子也有是非观,会理解父母的这份小心和尊重。这样孩子才会愿意和朋友去商议,劝朋友改掉缺点。

3. 多看孩子朋友的优点,喜欢上他的朋友。孩子的朋友能被父母喜欢接纳,孩子会更欣喜。父母多夸玩伴的优点,喜欢他的玩伴,能帮助孩子巩固友谊,增进亲子间的亲密度。玩伴在夸奖下多展示优点,才能给孩子更好的熏陶。

7. 多交几个朋友,孩子更合群

放学后,阳阳常常丢下书包就跑,我会问一句:"到哪里去呀?"

阳阳丢下一句，"广场""公园""楼下"……就跑了。紧接着，楼下会传来"砰砰"的敲门声，那是阳阳在敲阿龙家的门。随后不到五秒，门开了，紧接着会传来两个孩子冲下楼的脚步声。

他俩风风火火地冲向了目的地，还有一群孩子等着呢。这一小群人聚在了一块儿，天天变着花样玩。追、杀、冲、斗的游戏，他们是百玩不厌。阳阳每天回家后，也是一脸的兴奋、一身的臭汗、一身的疲惫。

每次，我总会催他快去洗澡，进了浴室，他还会大叫："冲冲冲。"我在外头听了，对老公说："你瞧瞧，着魔了。"老公却说："你不懂男孩的心思。"

阳阳最喜欢玩打仗的游戏，一群孩子分成敌我两组冲杀。有时候，是为了抢占一棵树；有时候，是看谁先攻占对面的花坛；有时候，是在草坪上扭成一团。这其中有欢笑，也有冲突，更有咒骂。谁管呢？这群毛孩子就爱玩这个。

阳阳的心里，整天就惦记着这几个人，阿龙、毛兵、熊子澄、小曲、丫蛋、何少华。这些人，是这群孩子的核心人物。偶尔，会有几个外带的小朋友过来，但每天的游戏，都少不了这些核心成员。阳阳和阿龙每次都是一组。

阳阳的个人恩怨，也与这些人有关。谁说谁坏话啦，谁和谁闹翻啦，谁今天丢人啦。总之，这几个人，整天在上演着比《三国演义》还精彩的"恩怨"。我时常也抱怨阳阳只顾着玩，忘记了写作业。但是，我从没有阻止他去玩。

这几个核心成员，组成了一个小型的模拟社会。阳阳在里面，学会了团结友爱、合作沟通，还学会了平复矛盾、理解人、关心人。这些能力，是我这个妈妈难以一个人教会的。阳阳能否融入集体，是否受欢迎，得靠他自己的社交能力。

我很高兴，阳阳有这么多玩伴，能陪伴他度过快乐的童年。

玩伴越多，孩子越合群。群体生活中，孩子的社会适应力、社交能力，都能得到提升。孩子间相互协作、团结友爱，孩子能有一个更健康的心灵。

61

教子建议

1. 不要干涉孩子的"恩怨",让他自己解决纠纷。小孩子间的"恩怨",父母别插手,由孩子们去吧。哪怕打人、骂人、受伤了,也别轻易干涉。孩子处理这种"恩怨",正能锻炼他的人际交往能力。

2. 鼓励孩子多交朋友,多参与群体游戏。孩子不合群时,父母要鼓励他多交朋友,帮孩子引荐小朋友,营造一些机会,例如去拜访,搞家庭联谊会,给孩子找朋友。积极报名参与一些儿童群体活动,让孩子更合群。

3. 鼓励孩子做群体中受欢迎的人。孩子在群体中,是什么角色呢?是领头羊,还是小随从?是被排斥,还是受欢迎?这些问题,父母可秘密探访。发现情形后,父母要妥善引导,鼓励孩子做"领头羊",做受欢迎的一员。

8. 尊重孩子的隐私

阳阳早就分房睡了,他的屋子由他自己打理。这是专属于他的私人空间,我非常尊重他的空间,从不擅闯。

一次,我见阳阳回家后,有些偷偷摸摸的。他的手藏在背后,以为我没看见,其实我早就发现了。

阳阳出去打球了,出于好奇,我走进了阳阳的卧室。不知道为什么,我心里很忐忑,觉得自己在做贼。虽说他是我儿子,但平时我进他的卧室,都会敲门。这一次,我当起了侦探,自己倒先心虚了。

当我要拉开抽屉时,心突然像被针扎了一下。我打了自己一下说:"浑蛋,有那么好奇吗?儿子又不是我的私人物品,打住。"说完,我毅然转身,走出了阳阳的房间。

此后,我时刻告诫自己,不要做一个侦探妈妈。阳阳上初中后,我的心也悬起来了,我怕他学坏,也怕他早恋。我真想翻翻他的抽屉,看有没有情书。看看他的手机,有没有暧昧短信。每次我也只是想想,从未越雷池一步。

我的举动，阳阳都看在了眼里，记在了心里。阳阳知道，我没有越雷池一步。他也常在困惑时跟我聊聊天，他的心又主动向我敞开了。他信赖我，我也很感激他，用心地给他建议，但不干涉他。该怎么决定，还是他说了算。

我尊重阳阳的隐私，他也更信赖我了，我知道了不少他的秘密。有时候，他连喜欢的女孩，也会告诉我。我并不反对他恋爱，毕竟谁都有青涩的岁月。我把我的期望和爱都慢慢传输给阳阳，让他知道学习更重要。阳阳知道，妈妈希望他快乐，更希望他做个优秀的孩子。

阳阳也有喜欢的女孩，但他没有为此而背负承重的精神压力。他的业余生活很丰富，喜欢和异性交往，他依旧爱学习。阳阳在我的保护下，顺利地度过了青春期。

孩子也有隐私，父母去刺探会直接伤害他的自尊心。父母的刺探，容易给孩子造成精神上的压力。许多孩子因为这种刺探，对父母产生了敌意，言行叛逆，这是得不偿失的。

教子建议

1. 主动以平等的姿态做孩子的朋友。父母得不到青春期孩子的信息，才想去刺探。亲子交流中，父母不摆架子、不耍权威，孩子才更愿意说出心里话。青春期的孩子讨厌被管教，更喜欢朋友型的父母。成为孩子的朋友，才能了解孩子的信息。

2. 忌用侮辱的言辞，讽刺孩子的隐私。父母若在有意无意中，听到孩子的隐私，还是一些不良信息时，切忌用侮辱的言辞，随意伤害孩子的人格。这种管教的初衷是让孩子回归正途，其实常常事与愿违，只会让亲子间隔起厚厚的墙。

3. 允许孩子做个有秘密的人。有人说，没有秘密的孩子，是长不大的孩子。孩子一天天长大，父母要允许他变得"不透明"。这种不透明里面，装着孩子的自我。孩子保护好了自我，才能长成更健康、更健全的人。

9. 帮孩子守住秘密

有一次，我去幼儿园接阳阳。他走过来，小心地对我说："妈妈，我告诉你一个秘密，阿龙今天在幼儿园尿床了。"我看了阿龙一眼，他不好意思地低下了头。

阿龙的妈妈听了后，马上训他，其他孩子见状都笑了，阿龙则"哇"的一声哭了，哭得真伤心。

我有一位邻居小姑娘，特别害羞，每次见到陌生人，总会躲在妈妈身后。每每这个时候，妈妈会训她："你看你，这么胆小。"妈妈这样说，小姑娘就更害怕了。小姑娘就怕人知道她非常胆小害羞，可每次妈妈都要揭发她。

亲子交流中，孩子会顾及面子问题，希望父母能帮他们多保守一些秘密。这些秘密，有一些是生理缺陷，例如太胖、太瘦或结巴等，孩子不愿被提及。有一些是性格缺陷，例如孤僻、胆小、羞怯等，孩子不希望被当众指责。

我家阳阳，也有一些小秘密，我每每知道后，都会帮他截流住。他的秘密到了我这儿，就是终点了，我不让它们再流传开去。阳阳也有缺陷，但他很信任我，非常有安全感，从不担心我把他的丑事整个儿抖搂出来。因此，阳阳从未因这类小缺陷，在小朋友中颜面扫地。

我常跟他聊天，也知道他的许多事。有时候，他说小伙伴间的秘密，说完还加一句："妈妈，你要帮我保密哦。"我会认真地点点头。我知道，这也是一种承诺，他不希望秘密被分享，他只想妈妈知道。

孩子的隐私意识，很早就有了。我只有做一个细心的妈妈，小心地呵护，才能保护好阳阳的隐私。当然，我也有失误的时候。有一次，我把阳阳的生日礼物送表弟了。他知道后特别气愤，认为我侵犯了他的私人物品，为此还哭闹了一回。

从此，我意识到，他的私人物品就是他的。这种意识，也被称为物权意识，孩子在维护自己对个人物品的所有权，我也不能随意支配。

三四岁时，孩子会萌发隐私意识。如果隐私被曝光了，孩子会觉得丢面子了，心里特难受。这种难受，就涉及人格及自尊的伤害。父母做好隐私的保护者，才能不伤害孩子。

教子建议

1. 孩子的私人物品，不要随意支配。私人物品属于孩子，一旦给了就要维护他的物品所有权。父母随意支配，会让孩子的自尊受损，觉得被侵犯了。孩子的玩具、书籍、衣物等物品，父母要处理时都应先征询孩子的意见。

2. 守护孩子的生理、性格缺陷，不要当众曝光。孩子有一些生理缺陷，不希望被当众揭穿，这是人之常情。这些缺陷，孩子更希望被隐藏着。父母要维护孩子的面子，让孩子活得更有尊严。对于这些隐私，孩子不希望被传播出去。

3. 帮孩子培养对父母的信任感。隐私具有相对性，一些事情在信任的人面前，它就不是隐私了。良好的亲子关系，能增强信任感。父母多关怀、尊重孩子，多陪孩子聊聊天，就能建立这种信任感，做孩子隐私的保护人。

10. 宽容能纠正失误

阳阳三岁时，见我从饮水机上接水喝，他出于好奇，就模仿我去接水。他手太小，水太烫，第一次尝试手就被烫伤了，还弄翻了杯子。

我看着他说："宝贝儿，咱别哭，妈妈不怪你。"

阳阳见了，指指地上的一摊水，又指指烫红的小手。我仍旧笑着说："宝宝没有做错事，你没拿稳，接的水太多了，所以出状况了。"我给阳阳示范了一遍，让他一次只接小半杯，这样既端得稳，又不会太烫。

阳阳洒了水，本来又急又躁的，他害怕办砸了事，被我定性为"失败"。他见我没有训他，还教他正确的方法，顿时胆子变大了，又试了一次，这一次阳阳成功了。小家伙喝着自己接的水，得意地笑了。

65

许多小技能，阳阳都是这样学会的。如，怎样开水龙头，怎样开电视机，如何从冰箱中取东西，如何叠衣物等。阳阳也时常有失误，开水龙头时不是太大就是太小了，可是他反复练习，不到十次，就能准确把握力度了。

每天吃饭前，他都自己去洗手，从不用我帮他开水龙头。当时，他也就两岁多，有时候他很调皮，故意把水龙头开大，玩起水来。我没有一味禁止，而是偶尔放纵他一下，任他玩一玩，至少我还能收获他的笑声。

阳阳有点儿粗枝大叶，有时也会闯祸。有一次，我刚买的一套紫砂壶，他在给小朋友演示时，一失手就摔断了柄。当时阳阳也吓坏了，独自"呜呜"地哭起来。

我说："妈妈又没训你，你哭什么。"阳阳却说，他心里难过是因为壶柄断了，就再也好不了了。

听他这么说，我才发现，原来孩子在失误后，本身就会有愧疚感。人的反省能力，正是源于这种愧疚感。面对失误，人会生出愧疚感，进而反省自己，自觉矫正。

现实中常常看见孩子一失误，父母的训斥声马上响起。最终，孩子在训斥下低头了，自尊心也受伤了，却不知道错在哪儿。这种训法，让失误在无形中被扭曲放大了。

失误了，孩子会惊慌失措，愧疚难当。这种心态下，父母的宽容能缓解孩子的紧张，让孩子真心去悔过，愿意去矫治。如果换成训斥，倒是会滋生出逆反、自卑来。

教子建议

1. 关注做事的细节，不要太重视结果。任何一件事，都是由一个个细节组成的。父母多看过程中的细节，找出值得夸奖的地方，也找出纰漏的地方。好的让孩子坚持发扬，坏的让他改进。不重结果重过程，才能督促孩子不断进步。

2. 不要当众训斥孩子的失误。当众训斥本想给孩子一个教训，下不为例。可是当众训斥，会直接伤害孩子的自尊，进而是人格。可能导致一种恶性循环，父母越训，孩子错得越离谱。一个没有自尊的孩子，是不在乎对与错的，也不会求上进。

  3. 赏识孩子的自我反省，鼓励他自觉矫治。孩子在失误后，会自我反省，想想为什么会失误。人的本性都是希望把事做好，做得干净漂亮。这种动力让孩子愿意去反省，愿意去矫治。孩子想这样做时，父母要大力支持，给予鼓励。

11. 寻找"出格事件"中的宝藏

  我得承认，阳阳是个调皮的孩子。

  他四岁多时，我给他买了辆双轮单车。当时，别人都骑带小托轮的四轮车，他偏要没托轮的。这样一来，他重心不稳时，就直接摔倒了。阳阳刚学车，就摔了个鼻青脸肿，他不喊疼，还整天笑嘻嘻的。

  阿龙和阳阳，两个人形影不离，每天放学后，两个孩子就骑上单车，绕着小区或公园转圈子。

  一次我路经公园，见阳阳在玩杂技，他在骑倒车。他的举动吸引了一群看热闹的孩子。有几个老人见了，直劝他别淘气，小心摔伤了。我看他边骑边回头看路，也捏了一把汗。果不然，他一用力，撞上花坛了。

  阳阳应声落地时，我也惊呼着跑了过去。小孩子们见了，都一下子散开了。阿龙呆呆地站着，阳阳腿上流着血，躺在地上"哼哼"着。我盯着他问："身体是自己的，对吧？反正妈妈不心疼，你就想着法子伤害是吧？"

  阳阳忍着痛说："妈妈，我就是想尝试一下，我想知道，我行不行？"

  我说："你可真行，都快成明星了，大家都在给你鼓掌呢。"

  听我这样说，阿龙也赶紧跟我道歉，说不该怂恿阳阳。我心疼地说："儿子，妈妈不是反对你玩，只是别玩过火了，连自身安全都不顾及了。"

  阳阳倒是轻松，他对我说，反正他不后悔，他已经试过了，知道骑倒车是怎么回事了。

  男孩子常因为调皮，做出许多"出格事件"来，让妈妈跟着担心。我虽然心疼，但并没有肆意地训斥他、打击他。我说他只是表示我的关心、我的怜惜、我的紧张。说白了，我爱他，我不希望他受伤。阳阳也知道，所以一再地犯规，常常带伤回家。

阳阳敢闯敢闹，身边也围了一大群玩伴。阳阳的好奇心重，他会痴迷地研究一件东西。阳阳拆过电话、砸过灯管，但他也学会了组装电话、学会了安装灯管。许多曾经的"出格事件"，都成了阳阳的一项技能。就是骑倒车，也成了他向人炫耀的资本了。

孩子因"出格事件"常常被批评，但这类失误事件中往往藏着好奇心、探索欲，藏着孩子的潜能和对生命的激情。

教子建议

1. "出格"了、失误了，不要打击孩子的自尊。男孩做了出格的事，性急正派的父母，往往喜欢出来训斥，让男孩回归正轨，这样极易伤害孩子的自尊。孩子就算做错了，父母也应秉承对事不对人的态度来进行指点。

2. 鼓励孩子去探索、钻研，勇于解决拦路虎。"出格"行径中，孩子常常会遇到拦路虎，要鼓励他去探索钻研，直到问题解决。"出格事件"能被圆满解决，孩子就会少一些失误、多一些技能。这样的结局，才是皆大欢喜的收场。

3. 孩子能玩得尽兴，就是一件好事。孩子想出格，明明知道阻力大，他还要去冒险、去尝试，这体现了他的生命激情。这些事，必是孩子非常向往的，必能玩得最尽兴。成长过程中能够玩得尽兴，突破一些常规，又能算得了什么？

12. 别因愧疚纵容坏习惯

阿龙是个小胖子，近来又胖了。

一次，我一出门，就见他抱着一大包零食。后面，跟着他打扮时髦的妈妈在叮嘱阿龙慢慢走。我看着这对母子，笑着说："哟，这么多好吃的，阿龙真幸福啊。"

阿龙妈妈说："我刚回来，马上又要走了，他非要这些，我就依了他。"我看阿龙抱的都是膨化食品，就嘱咐说这类食品高脂肪、高盐，对身体不好。阿龙妈妈说，她也知道这些东西不好，但为了阿龙高兴，就满足他了。

母子俩上楼时，我看阿龙那胖胖的小身躯，叹了一口气。看来，孩子的好多坏习惯，都是父母造成的啊。阿龙的父母在做生意，平时都特别忙，常常见不到人影。阿龙在物质上是非常丰裕的。

有一次，阿龙出于交情，又哭又闹地要挟妈妈，要给阳阳买一辆遥控汽车。事后，我见了阳阳的汽车，赶忙上他家给阿龙钱，他死活不要。阿龙的倔劲儿，我算是领教了。他妈妈也说，给他零花钱，他要一百元就不能给五十元。阿龙妈妈很担心，怕儿子脾气越来越坏了。

有一次我问阿龙，问他是不是特想要那些东西。阿龙说他也不是特想要，只是念头一有了，就控制不了情绪了。看来他已成习惯了，自然而然地想通过哭闹逼妈妈满足物质要求。他就像上了瘾一样，一遍一遍重复这种坏习惯。

阿龙妈妈明知这种习惯不好，由于生意忙，不能常陪儿子，她也习惯性地选择了"讨好"。

父母因为工作忙，不能多陪陪孩子，容易产生愧疚心理。孩子一旦提出物质要求，父母常会因愧疚而慷慨解囊，一味地满足。一来二去，孩子就养成了胡乱要东西的坏习惯。

教子建议

1. 勇于将"不"说出口，别纵容孩子的无理需求。孩子提出无理需求时，父母要敢于说"不"，要将感受真实清楚地描述出来，别在模棱两可中，给孩子耍赖的良机。说"不"时，语气要坚定，语言不能含糊，要让孩子弄清楚意思，不犯迷糊。

2. 用关爱来弥补愧疚，别用物质来弥补。生活中，总会有许多事，阻止了亲子团聚。父母有愧疚感时，可多关心孩子，陪孩子聊聊天。

父母用精神交流的方式传递爱，更能让孩子感受到爱的温暖。这种方式，远胜于物质弥补带来的功效。

3.给拒绝一个合理的解释，别乱用权威。拒绝孩子时，要给一个清楚简单的理由，让孩子能立马明白。拒绝时，还可以告诉孩子，他的意愿父母会用心考虑的，等有条件了再满足他。父母忌乱用权威，这样容易伤害孩子，还易激起孩子耍无赖。

13.不随便暴露孩子的缺点

我走在路上，陈阿姨说："林妈妈，你家阳阳怎么啦？喊他都不理我了，好像在哭呢。"

我赶紧说："没事，没事，您忙吧。"说完就赶紧走了，这个唠叨奶奶，准会刨根问底，把阳阳的事全弄清楚。这事怎么说好呢？阳阳今天挨打了，他在赌气呢。

今天我进门时，听到卫生间里，传出"嗡嗡嗡"剃须刀的声音。我以为是老公呢，一想不对劲，他还没下班啊。我推门一看，只见阳阳拿着剃须刀，在脸上蹭呢。当时，我的火噌地就上来了，在他屁股上拍了两巴掌。

阳阳长这么大，挨打的次数是非常少的。他的脸那么嫩，怎么能用剃须刀呢，这会被人笑话死的。这孩子，好奇心也太重了，都不知轻重了。阳阳被打后，眼眶一红，就跑出去了。

我见状，又赶紧追出来，正好遇上陈阿姨，这才有了上面的一幕。虽然，我的反对是对的，但做法有些欠妥。阳阳在前面跑，我在后面赶，一路上，好多人问我怎么了，我都说没事。我知道，我已经伤害了阳阳，再把他的事抖搂出来，他会更恨我的。

曾经，阳阳有些"丑事"，我喜欢和邻里说一说，大家笑笑他。有一次，阳阳明确表态：我再这样，他就和我绝交。虽是气话，但我发现他非常介意我抖搂他的缺点。此后我也学乖了，他的缺点、他犯的错，我从不帮他宣扬。

等我赶上阳阳时，马上跟他道歉，说我不该打他，请他原谅。阳阳问："那你刚才跟人说我了没？"我一听就笑了，我赶紧保证："别人问我，我什么也没说。"我拉着阳阳，跟他讲了一些道理，他面色渐渐和缓了，很快就主动向我认错了。

回来时，我是牵着他的手回来的。我们又碰见陈阿姨了，她见了说："呵，娘儿俩散步回来了啊，真好。阳阳，有时间帮我念念书。"阳阳大大方方地答应了。

缺点即是短处，是人人都想遮掩的东西，它关乎尊严和面子，孩子也不例外。父母抖搂孩子的缺点，就是在践踏孩子的自尊，让孩子在人前抬不起头来。

教子建议

1.孩子不能当众批评，要维护他的面子。面子问题，是非常重要的。孩子年纪小，维护他的面子，有利于塑造出健全的人格。当众揭露孩子的缺点，是当众扫孩子的面子。教育要有好效果，就得私下指出缺点，维护好孩子的脸面。

2.别把孩子的缺点当成闲聊趣谈的资料。生活中，常常有一些父母，逢人就聊孩子的事。多半是孩子的缺点，说孩子哪儿做得不好。这些事在大人眼中无所谓，可以做笑资，可孩子却很在乎，他们被笑话后会很尴尬。常被笑话，孩子还会自卑。

3.他人询问缺点时，要帮孩子挡驾。好父母还要帮孩子维护面子。孩子出"糗"了、犯错了、事办砸了，父母能帮忙开脱一下，更利于孩子培养自信心。孩子在大人面前，会感觉到弱小无助，更希望被尊重，希望能有面子。

14. 巧变孩子的缺点为优点

阳阳上幼儿园时，曾做过一件小小的错事，他撒谎了。

71

有一天，他兴高采烈地回家了，对我说："妈妈，你看我，我表现好，王老师奖了我一朵小红花。"说完，就"啪"地一下，把小红花按在了我面前。我也很高兴，告诉他："妈妈真为你自豪。"我小心地把小红花夹在了书中，还嘱咐他，以后多得些小红花。

阳阳出去玩后，我又拿出了小红花。我仔细一看，竟发现这朵花剪得歪歪扭扭，边上都起毛了。有一处，还因手法不好，凹进了一大块。这么拙劣的剪法，怎么会出自王老师的手？这是一朵伪花，肯定是阳阳自己做的。

这可是撒谎，还说得脸不红心不跳的，我可怎么办好呀？

阳阳开始撒谎了，我一直在心里嘀咕着，我在犹豫，要不要揭穿阳阳，教育教育他。

阳阳刚上幼儿园，表现很一般，他肯定是羡慕别人，也想得到小红花。阳阳要求上进，这种心理是积极的，可手法用错了。我反复琢磨后，决定暂不批评他。

晚上，老公一回家，我就告诉他："阳阳今天得小红花啦。"老公听后，马上一把抱住了他，又亲又抛的，很为他高兴。晚上，阳阳写作业时，我故意指点他，让他一笔一笔地写，横平竖直。阳阳很听话，仔细地写着家庭作业，字迹非常工整。

第二天早晨上学的路上，我还和他一起背诗，复习昨天的学习内容。阳阳没像以前一样调皮贪玩，他很认真地背诵着。我一直夸他表现好，说难怪老师奖励你，你真是爱学习了。

阳阳被我一鼓励，也开始暗暗努力，处处想表现好，做个好孩子。不出我所料，不久之后，阳阳真正获得了一枚小红花。那一天，阳阳兴奋坏了，我也大张旗鼓地把它贴在了墙上。它像一面小旗帜，时时召唤着阳阳，喊着他努力，要进步。

我和阳阳，谁都没再提第一朵小红花的事，墙上的小红花也越来越多。远远看去，就像一片小花园，吐露着荣耀，激发着阳阳的自信。

世事无绝对，缺点也一样，不可能全是坏的一面。一件错事、一个缺点，仔细观察，也能窥见其中的闪光点。父母拿着"放大镜"夸一夸，提拔一下，就能变缺点为优点了。

教子建议

> 1. 仔细寻找缺点中的优点，放大优点。任何一种习惯，仔细观察，都不难从中找出一些优点来。孩子的动机，孩子行事的途径、手法等，总能找到一点积极的因素。父母多鼓励这一面，发扬这一面，就能慢慢让孩子的缺点变为优点了。
>
> 2. 要对症下药，以正面引导为主。教育过程中，正面引导最值得提倡。父母可用赏识、鼓励、激励等手段，让孩子发扬积极的一面。进而让孩子慢慢改正缺点，向好的方向发展。弄清孩子的具体情况后，再正面引导，直到改正缺点。
>
> 3. 不强制、不打骂，让孩子主动去改错。任何缺点在被动状态下，改良效果都会很糟。父母的强制、打骂，往往会适得其反。面对缺点，父母要调动一切条件，激起孩子的主动性。孩子能主动改错，才能迅速除掉病根。

15. 别误测孩子的内心世界

有一天，我去接阳阳，见他一瘸一拐的。

他说玩球扭了，我想抱他走，他拒绝了。

我俩回家后，我就去跳舞了。最近，我迷上了学舞，长期不运动，跳过后浑身酸痛。

老公和阳阳在家。老公上厕所时突然发现，阳阳在开冷冻室的门。他赶紧说："又玩冰，不是说过吗？冰箱不是玩具箱，冷冻室很危险的，小心又冻住手了。"

阳阳吓了一跳，赶紧把一碗水放了进去，关了门。

有一次，阳阳玩冰，手沾在了冷冻室壁上，我们吓坏了。

晚上，我一回家，老公就告状："阳阳又玩冰了。"

我想起了上次惨痛的经历，生气地问他："你忘记了？上次你手上的皮都快掉了，还哭了半天，怎么不听话？"

阳阳想说话，看了看我，又忍住了。他委屈的眼泪开始打转，他小声地哭了起来。

我丢下阳阳，去做晚饭了。吃完饭，我去看电视，刚一坐下，就觉得浑身疼，我大声地叫唤着。阳阳听到后，马上走过来说："妈妈，我有冰，你敷敷？"

我一拍头说："呀，怎么忘了，可以用冰敷呀？快拿来！"一说完，我就想起训阳阳的事了。我愣住了，问他："你做冰，是想帮我镇痛？"

他点点头。

我鼻子一酸，抱住了阳阳，他有点吓住了。我亲着他说："宝贝，我是坏妈妈，我训错你了，我道歉。"

阳阳却说："不，妈妈好。阳阳不乖，不玩冰箱了。"

儿子不记仇，反让我更自责。我误会他了啊，听说阳阳玩冰箱，我想都没想，就以为他又调皮了。伤害是无法挽回了。我责问自己，为什么不耐心点，问问他？我都没给他解释的机会，只顾着训人了，我辜负了他的一片爱心。

阳阳看看我说："你不怪我了？"我摸着他的头说："你疼妈妈，心这么细，我怎能怪你？"阳阳笑了。

我问他："你怎么会这个？"

阳阳说："我脚扭了，王老师教我的，挺管用的。"

我听着，把他搂得更紧了。我真是一个粗心大意的妈妈呀。我以为，孩子的内心世界很透明，我完全能预见，结果却错了。

事情的表象往往是冰山一角，孩子的行为亦是如此。匆忙中的父母，往往忽略了水下的冰山，常常会误解孩子。"错事"无论大小，请给孩子一个解释的机会。

▼ 教子建议

1. 忌用惯性思维看孩子。很多时候，孩子做的是同一件事，做事的初衷却不同。父母若采用惯性思维，会导致误解。

2. 给孩子一个解释的机会。哪怕是一件"错"事，也要问一句"为什么?"孩子在阐述原因时,父母应耐心地听,弄清孩子的意图。事情脉络清楚后,才能给孩子一个公正的评断。

3. 忌成人化视角。孩子的内心世界是个谜,成人无法完全预见。父母要做孩子的朋友,进入他的内心世界。孩子的思维习惯有别于成人,父母不能用成人化视角,看待孩子的一举一动。

16. 顶嘴有理,支持孩子的话语权

阳阳一回家,就打开了电视。我心想,马上要期末考试了,怎么还心系着电视。我走过去,严肃地说:"快写作业去!"

我刚说完,阳阳倒火了,他大声说:"烦不烦啊,我知道要写作业,我必须得看。"

我见状,就说:"好吧,你说,你说,你有什么理由?"

阳阳马上说,他是校足球队的组长,今天有场重要的球赛,他不能不看。他说完了,我又陈述我的理由,说他时间非常紧,现在看了,晚上得晚睡,会影响第二天的学习。我和阳阳各执己见,在客厅里吵了起来。

阳阳越说越激动,咄咄逼人,唾沫都快溅到我脸上了。恰巧,陈阿姨过来借东西,见到了这一幕。她啧啧地说:"阳阳真厉害,还敢跟妈妈顶嘴。"我赶紧笑着说:"这倒没什么,他只要说得有理,我都依他。"

吵完后,我和阳阳商定,球赛他先看,那就晚一点睡吧。阳阳见我答应了,赶紧冲过来,亲了我一下——这就是结局。

在我们家,常常见到我和阳阳吵架。我的脾气也不太好,常常急了也骂人。但是,每次我总会说:"你先听我骂,骂完了,你有意见,统统说出来,我洗耳恭听。"阳阳从不怕我骂他,他的骂架功夫,也是一流的。

他还小的时候,常常说不过我,有时候气得直哭。等他不气了,哭够了,想到理由,再来和我争论。我一直耐心地听,也不强词夺理,只要他说得对,我就支持他。一来二去,阳阳倒是练得伶牙俐齿,说话非常有条理。

上小学后,阳阳更厉害了,常常能说过我,气得我不行。但是,我

75

从不拿妈妈压他，只要他对，我就妥协。很多人会觉得，我这是溺爱，其实不然。我发现，我这样对阳阳，他倒是对我更加尊重了，我的许多好建议，他都虚心接纳了。

一次次顶嘴中，阳阳犯的错少了，个性更鲜明了，成了一个有主见的阳光少年。

顶嘴不是冒犯，不是挑战权威。多听听孩子的解释，允许申辩，孩子的身心会更健康，人格会更健全。父母允许孩子顶嘴，不是溺爱，是一种关爱，是维护孩子的话语权。

教子建议

1. 别把顶嘴看成犯上，只是孩子要说话。几乎每个孩子，都有顶嘴的经历。顶嘴常易遭来训骂，因为父母觉得孩子不礼貌，觉得他"犯上"。这种认识，剥夺了孩子的话语权。其实，顶嘴是孩子心有不平，是孩子想表态，是他有话要说。

2. 不随意打断孩子说话，耐心听完后再表达意见。一个尊重孩子、民主的父母，不会随意打断孩子的话。哪怕孩子态度不好，也要听完他的话，允许他发表意见。要培养孩子的主见，要身心健康地成长，就需要自由的话语权。

3. 忌用"住口""你不用解释"类的言辞。孩子顶嘴时，父母习惯于说"住口"，这是较高频率的用词。住口，即不让孩子解释，让孩子有冤不能申。孩子背负的委屈越沉重，个性越扭曲，越不自信。这样的孩子，能成为阳光少年吗？

四、真诚修行：真正厉害的妈妈，都懂的真诚地赏识孩子的努力，而不是聪明

1. 真诚的夸奖，才能激励孩子

有一段时间，我看了几本正面教育的书，便一心想用赏识教育。

每天，我总是"你好棒""你真厉害"不离口。阳阳刚听我这么说，也非常兴奋，愿意表现得更好。可当他第三次听到"你好棒"时，他反问我："妈妈，我哪里棒呀？"

我一时语塞，搪塞了一个理由。阳阳一听，眉头一挑，不理我了。

我心想，这孩子，怎么好话也不爱听呢？我可是在夸他呀。仔细一想，我的确夸得太虚了，为了夸而夸，孩子干吗要爱听呢。孩子真正努力了，渴望被肯定，需要真心的夸奖。这种夸奖是一种认可，这种夸奖才会激励孩子继续前进。

孩子没有努力，甚至在退步、在捣乱，我还违心地夸奖，他如何会相信，如何乐意听？夸奖的话，全是违心的话，也入不了孩子的心。这种好话说得越少越好，还不如不说呢。

我在阳阳身上的试验失败后，就非常慎用夸奖了。

有一次，他在小屋里画画。画好了，他拿来找我评点。我仔细看了看说："阳阳，你更会用颜色了，色彩搭配很协调。"阳阳一听，马上说："妈妈，这你也发现啦。"我点点头，阳阳被肯定后，心里很高兴，

马上又进屋练画去了。

后来，阳阳考了第一，我也只是搂搂他，给他做了顿好吃的。我没有说"你好棒"，我只是营造出一种氛围，让阳阳知道，我是肯定他的。我做的这些事，阳阳都看在眼里，记在了心里。阳阳受到感触后，更愿意努力学习了。

我发现，称赞不一定要用言语，非语言的交流也能传达出肯定和赞赏。孩子能接收到、能体味到其中的真心，才能真正被激励。

赏识有激励效用，但它一定要真诚，要发自内心。孩子很灵敏，一旦察觉到虚伪，会立马心生反感，抵触这类言辞，并不为所动。赏识是假的，就没有激励效果，还会产生反作用。

◆ **教子建议**

> 1. 表扬孩子的行为，而不是他本身。父母在赞赏时，要说他做了什么事，让父母很欣赏。父母不能笼统地说，他很棒、太爱他之类的话。孩子清楚为何被赞赏，清楚何事被肯定，才能继续保持好作风。
>
> 2. 用一系列的活动，营造出肯定赞赏的氛围。赞赏不是一句"你真棒"，父母要用一系列的活动，例如眼神、表情、在他人面前谈论此事的态度等，让孩子感觉到，他的行为是被赞赏的。真实的赏识氛围，才能激励孩子。
>
> 3. 孩子没有努力，就不要违心地赞赏。不能为了夸而夸，如果一件事，孩子并未努力，就不能违心地夸奖。父母的假话，能迅速被孩子识破，孩子会对此厌烦。夸的都是假话，孩子只会讨厌听，夸奖也就丧失了激励作用。

● 2. 忌横向比较，自己的孩子最好

有一次，我出去开会，一天都不在家。晚上我一进门，看到阳阳还在写作业。按照惯例，他早该洗澡上床了。我没考虑便说："妈妈不在家，你就偷懒，就知道你不爱学习，怎么不学学毛兵啊？"

没想到，阳阳也不甘示弱，朝我吼道："我就知道，在你眼中，我什么都不及毛兵，他最好！"说完这句话，由于情绪激动，阳阳眼中有了泪花。我见状，装作没听到，走进了卧室。我心想：我就不管你了，看你睡眠不足，明天也不叫你起床了……

我和阳阳各自在自己的屋里待着，屋子里静极了。

突然，我的房门开了，露出了一个小脑袋。我见他进来也吓了一跳，故作镇静。没想到，阳阳径直走过来说："妈妈，我错了，我不该对您吼。"说到这里，他的眼泪就流下来了。我心一软，赶紧把他搂在怀里。

阳阳哭着说，他不是不爱学习，马上要考试了，他的压力特别大。今天，他没有贪玩，是作业太多了，他一直在写。他还说，他理解妈妈的辛苦，他愿意好好学习。阳阳说着，我的鼻子也就酸了。

我也有错，我总喜欢提毛兵，这伤害了阳阳的自尊心。毛兵是尖子生，那是他努力和上补习班的结果。阳阳虽然没有名列前三，但成绩也不错。他是个爱学习的孩子，只是我的期望值太高了，还时不时总拿尖子生与阳阳比。

我抚摸着阳阳说："快去洗洗睡吧，今天的事是妈妈不对，没搞清楚状况。儿子，你在妈妈心中，一直是个好孩子。"我在自责中，诚挚地对阳阳说了这番话。

这件事后，我再也没提过毛兵，没督促阳阳超越他。阳阳也非常努力，一心把毛兵当学习竞争的对手，做梦都想赶上他呢。

父母一生气，总会违心地说："你就是不如××""你怎么不像他，他多好。"父母明明知道，自己的孩子也很好，可总会说出伤害他的话。没了横向比较，孩子才会更有自尊、更上进。

教子建议

1. 批评的话也要出自真心，不伤害孩子的人格。批评的话，最容易混杂着各种情绪口无遮拦地乱说。最终许多言辞都是违心的，只是在攻击孩子的人格。孩子被伤害了，却不一定受了教育。批评应实事求是，出自真心，方能有教育意义。

  2.期望值要合理，不要总拿第一跟孩子比。各行各业都有顶尖人才，再优秀的孩子也会有不足。每个第一都是孩子要赶超的对象，是非常不现实的。父母要鼓励孩子在自己的强项中，与人纵向比较，不要总是横向比较。

  3.无条件地信赖孩子，给孩子爱的支持。作为父母，任何状况下，都要无条件地信赖孩子、鼓励孩子。哪怕是刚吵架了，孩子犯错了，也要信赖他。这种信赖能让孩子感受到安全，重新反省，迅速找到缺点去改进。信赖是为了更好地教育。

3. 赏识孩子的努力

  我走在路上，看到小孩子，总会多看两眼。这种行为，可能跟自己是母亲有关系。有时候，看到粉雕玉琢的小孩子，总会情不自禁地说："哟，这孩子，长得真漂亮。"

  中国人的习惯，夸别人的孩子漂亮或聪明，那是一种礼貌，是表达喜爱之情。

  有一天，我看到一篇稿子，讲在国外，父母讨厌别人夸孩子漂亮。他们觉得，漂亮与否都是父母给的，不是孩子努力的结果。孩子因此被夸奖，就会产生出不劳而获的心理。孩子会认定，自己不努力，也能获得许多赞赏。

  听到这个理论，仔细一想，他们的育子方法，的确有些道理。孩子要立足社会，只能靠自己的努力。从小就应该明白，要想被人夸，就得努力学习，做个技能超群的孩子。孩子要通过自己的努力博得喝彩，而不是因聪明、漂亮等父母留下的"财富"而被夸奖。

  这种夸奖的差别，正在于从小强调孩子的自主性，让孩子通过个人努力，实践自身价值。这样的人生观，才能培养出健全的人格。知道这一点后，我看到阳阳取得了成绩，我会说："嗯，你挺努力的，能一直坚持下来，妈妈很高兴。"

  有一次，阳阳做的模型得了第一名，老公高兴地说："我儿子就是像我，真聪明。"我听后赶紧说："这可跟聪明无关，阳阳再聪明，不努力摸索，一点一点改进模型，也得不了第一，那是阳阳努力的结果。"

我这样说，是不希望阳阳心存侥幸，认为一切成绩，都出自他的聪明。他如果这样想，就会在无形中变懒，不愿意去钻研。但是谁都知道，如今的孩子智商都是差不多的，真正造成差距的，还是孩子个人的努力程度。

夸奖的时候，要夸孩子后天的努力程度。有一些先天的东西，例如聪明、漂亮，虽是优点，但这多是先天遗传的，不值得孩子拿来炫耀，不要刻意去赏识。

● **教子建议**

1. 关注孩子的成绩，夸到具体细节上来。孩子的每一点成绩，都值得关注和赞赏。孩子取得成绩了，父母夸得越细致，孩子越觉得被关注，夸得越真实，孩子越感觉到努力被肯定了。

2. 赏识孩子努力实践，不依赖他人的好习惯。孩子在做事时要求自己来，不怕失败，一遍一遍地实践。这种做事态度，一经发现就要及时赏识。孩子努力做事的态度，是做好任何事情的前提。父母的夸奖，能坚定孩子的做事态度。

3. 成就需要勤奋努力，不求不劳而获。从小就要向孩子灌输，任何成就都是努力获得的。孩子想不劳而获，那是办不成大事的。人都有成功欲，父母要让孩子知道，要想成功就得努力。这种成就观，才是一种健康的人生观。

4. 关注也是一种赏识

自从阳阳学画后，我每天接送他的途中，都问问他的学习情况。我其实不太懂绘画，阳阳学画后，我才从他的学习中，慢慢了解了一些常识。

周末到了，我问阳阳："想不想去写生，妈妈载你去。"有时候，阳阳会欢呼着说要去的地点；有时候，他的兴致也不高。但时不时我会习惯性地问问他："学到哪儿了，有什么需要吗？"

阳阳的作品我都看过，每一幅只要他拿过来，我都会仔细观看，给评价。他画得好的，我还会请师傅装裱起来挂在墙上。我告诉他，这些东西妈妈会帮他收藏，这是他成长的足迹。

因为我关心，阳阳也会主动告知他学习的进程。

老师表扬他了，他的作品获奖了，他都会第一时间告诉我。阳阳认定，妈妈是很在乎的，所以他要告诉妈妈。我的关心，就像一根风筝的线，我轻轻拽一拽，阳阳就更有动力了。

记得有人说过，我在乎，是因为我爱。是啊，亲子交流也一样，你越在乎，代表你越爱自己的孩子。这种在乎，孩子也能体会到。你在乎他的学习，他会用心做功课；你在乎他的特长，他就会一直坚持走下去。孩子在用努力回报父母的在乎，回报这种赏识。

每一位成功人士的身后，都会站着一位殷殷关注的母亲。哪怕母亲满头霜华了，只要她传递关注，依然是孩子前进的最强动力。孩子只要想着，妈妈在看着呢，他就会浑身充满活力，继续投入生活的战斗中。

当然，许多误入歧途的孩子，若是少了这份关注，他们会觉得被抛弃了，不被母亲赏识和认可了，更加自暴自弃。

有时候，父母不说话，只是默默地关注，也能给孩子强大的精神动力。一想到父母在看着呢，孩子就会更加努力、更有自信。关注，就是一种爱的传递，就是一种赏识。

◆ 教子建议

1. 多对孩子嘘寒问暖，了解他的生活近况。每天，只要能跟孩子接触，就要多问一问，多了解孩子的信息，别把时间浪费在电视或沉默中。父母主动跟孩子交流，嘘寒问暖，孩子能享受亲情，还能培养出正面积极的人生观。

2. 多关注孩子的朋友及学习近况。父母要尊重孩子的朋友，关心他的学习。父母多问问这些事，孩子会觉得：爸爸妈妈很在乎我，我是个幸福的小孩。孩子在面对朋友时，会更积极主动；面对学习时，会更用心努力。

　　3.时刻传递爱意,让孩子知道你爱他。爱要传递过去,让孩子感觉到。再深的爱意,如果藏得太深,孩子也不会明白。每一个孩子,都希望得到父母的爱。如果孩子感受不到,就会变得冷漠自私,自暴自弃。

5.巧借他人之口,夸夸孩子

　　有一段时间,阳阳学画的热情下降了。好几天,我都没见他拿画笔。

　　我仔细一打听,原来培训班转来一位新同学,样样都比阳阳强。一下子,华老师对阳阳的宠爱,全被他抢去了,阳阳的信心被打击了。

　　华老师也发现,阳阳最近学画的热情不高了。我和他聊天时,告诉了华老师其中的原因:阳阳是被夸得少了,自信心受打击了。

　　每天回家,我也会夸夸他,说他最近一段时间学画有进步。可我的话与华老师的比,明显分量要轻得多。华老师面对的是培训班的全部孩子,我面对的是自己的儿子。我说阳阳好,阳阳不以为然。

　　第二次上培训课时,华老师留心阳阳了,只要他做得好,就马上当众表扬阳阳。阳阳再次得到华老师的宠爱后,学画的热情马上回来了。

　　晚上回家后,阳阳主动拿着笔,多画了一个小时。我发现别人的夸奖对阳阳更有效。

　　此后,阳阳有成绩了,我总会对邻居们说一说。我也不浮夸,真实地说说他的进步。听的人多了,大家相互传递,最后,又以另一种方式回到阳阳的耳朵里。听别人夸比听妈妈夸,让阳阳更有成就感,也更加自信了。

　　有几次,邻居还当着自己孩子的面说:"你看人家阳阳,外语多好啊,又考了第一,你怎么不学学。"阳阳听后,高兴地跟我复述。我每次听后都告诫他,不要骄傲,还指出他的一些缺点,让他别自我膨胀。

　　别人帮我夸他,我则负责指出他的不足。这样一来,阳阳既受到了激励,又能清醒地看待自己,努力改进不足。

周围人的羡慕、夸奖，给阳阳营造了一种氛围。他觉得，在大家眼中，他是个优秀的好孩子。这种氛围，可以促使阳阳求上进。阳阳不想辜负众望，为了大家的赞赏，他懂礼貌、爱学习，一心要做个好孩子。

同样的话，由别人的口说出来，孩子会更信服。在孩子眼中，他人没有夸自己的义务，说的话更真实。除了父母，孩子也希望被别人夸奖，这是一种社会认可。

▼ 教子建议

1. 给孩子营造表现舞台，让孩子展示才华。孩子有自信，有积极进取的人生态度，是源于才华能充分地展示。孩子有了舞台，才能赢得更多的称赞。父母可创设条件，让孩子在公众面前，多展示自己的才华，赢得赞赏。

2. 不隐瞒贬低孩子的成绩，为孩子自豪。孩子取得了成绩，父母应为孩子自豪。中国的老传统，总习惯于隐瞒或贬低孩子的成绩，以示父母的谦虚。这种方式，容易伤害孩子的自信心。孩子有成绩了，父母要大大方方地喝彩，给孩子以鼓励。

3. 面对他人的夸奖，告诫孩子要谦虚。孩子的成绩被众人夸奖时，父母要保持冷静。在私下，父母要指出孩子有哪些不足，有哪些还可以改进的地方。父母要告诫孩子谦虚，引导孩子投入新的学习中，以期更大的进步。

6. 摔倒了，笑着爬起来

阳阳刚学会走路时，我常带他去公园。

天气好的时候，我会带上小毯子、一些小食品，和阳阳到公园去玩。

阳阳是个爱热闹的孩子，一见公园里到处是人，小朋友也很多，他就要挣脱我的手。刚学会走路的他，步子很不稳，我领他来到草坪上。

当时是夏天，草地绿油油的，很柔软。阳阳常常在上面摔倒。刚开始，一摔倒，他先撇着嘴哭，假装挤眼泪。其实一点儿都不疼，他就是想撒娇，博得妈妈的大呼小叫和同情。

最初，我也是着急忙慌地扑过来，赶紧问："伤着了没，疼不疼？我们去喝酸奶吧。"

我一哄他，阳阳马上就不哭了，见了酸奶，早就忘记摔跤的事了。我看阳阳一副娇弱的样子，心想：男孩子，这样可不行。

后来，他又摔倒时，我马上走过去说："呀，小调皮，想跟妈妈玩游戏呀，还在草地上打滚。"趁阳阳没哭出声，我赶紧转移注意力，指着他旁边的野花说："你看，这儿有朵小花呢，快摘下来，给妈妈戴上，让妈妈变漂亮。"阳阳一骨碌就爬起来去摘花了，还帮我戴上。

整个过程中，他一时忘记要哭泣了。

随后，我一见他倒了，就哈哈大笑地跑过去，对他说："呀，又倒了呀，真有趣呀，快爬起来。"阳阳则腼腆地笑着，马上自己爬了起来。

阳阳到五六岁时，还会不小心摔伤，但他从来不哭，他会从书包里，拿出我放进去的药水和创可贴，小心地贴好。回家后，我不问，他也从不向我报告伤情。

有一次，阳阳滑冰摔伤了膝盖。他的膝盖蹭着水泥地，磨得血肉模糊。阳阳疼得受不了，也只掉了几滴眼泪。后来，他一瘸一拐地走回家后自己包扎好了。邻居们见了，都夸阳阳这孩子坚强、不娇气。

我知道，阳阳能这样，是从一点一滴中培养出来的。他没有被娇惯，所以不习惯夸大自己的痛苦，去博得他人的同情。阳阳面对挫折时，选择了平静面对，积极地解决问题。别人在哭泣等待时，他已经包扎好伤口了。

每次看见阳阳如此，我总觉得很自豪。我的钦佩之情，肯定也不加掩饰地流露出来了，让阳阳感受到了。

失败是人生不可避免的，失败也是一笔财富。孩子要成长，就要学会面对"摔跤"，学习笑着爬起来。父母不要搀扶，要做那个站在前方、鼓励他站起来的激励者。

85

教子建议

> 1. 失败了、犯错了，鼓励孩子笑一笑。谁都有失败、犯错的时候，这个时候，更要有勇气笑一笑。这是一种乐观的精神，需要父母从小灌输给孩子。对失败越是乐观看待的人，越能早日走向成功。悲观的人只会驻足不前，进步缓慢。
>
> 2. 迅速转移不良情绪，集中精力解决问题。失败后，会有许多不良情绪，会带给孩子精神上的痛苦。父母要教育孩子，别把精力放在嗟叹上，要放在解决问题上。能够厘清思路，一点一点去解决问题，才能摆脱不良情绪，迅速走出失败的阴影。
>
> 3. 不做保护伞，让孩子迎接风雨。有一类父母，孩子一旦出了问题马上出面，帮孩子打点得妥妥帖帖。孩子免于承受失败的痛苦，也丧失了亲自动手、独立解决问题的机会。父母要做鼓励孩子站起来的激励者，而不是保护者。

7. 重视孩子的每一个问题

阳阳两岁左右，会简单说话了，他也喜欢提问题了。

时常，我耳边会响起他脆生生的童音："妈妈，这是什么呀？""妈妈，你没'胡子'？""妈妈，我不吃饭行吗？"……

问题不一而足，他想到什么，就问什么。言为心声，不论阳阳说什么，都是他当时心里所想的。阳阳能说出来，我则少了猜测的麻烦。小时候，他只会哭，我则忙着猜他要怎样。如今，他总算会简单地表达了，省了我不少心思。

我刚高兴没多久，马上发现新麻烦了。

阳阳好奇心很重，他的问题，都要寻根究底的。只要被他问上了，我得一条一条地解释。我的个性让我不想骗他，我喜欢认真解释。有一些问题，我一时回答不了，还会查找资料，直到回答得让他满意。

渐渐地，我有些麻木了，也觉得很累。有时候下班了，阳阳一个接一个地问,我会不耐烦地说:"去问你爸,这孩子真烦。"

阳阳被我驱赶了几次后,便不爱找我了。

苏宁的耐心比我更差,常常是阳阳问一句,他一句话就打发了。有一次,阳阳问他:"爸爸剃胡子,他可不可以剃。"苏宁马上说:"不行,你还小,绝对不行。"

阳阳说:"为什么?"苏宁则不耐烦地说:"你还小,没胡子。"

在家里,我和苏宁是成人,和阳阳的共同话题本来就少。我们都烦他的问题了,阳阳就变沉默了,他喜欢一个人默默地玩,和玩具自言自语。

我发现这种现象后,心里有了愧疚感。我责问自己,阳阳喜欢问是多好的事呀,他想认识世界啊。我能做回答者,就是他的启蒙老师啊,多好的差事。

后来,只要阳阳问,我就认真回答他。有时候,问题很深奥,我就简化成他听得懂的解释。为了配合阳阳,我将万事万物都变成了有感情的事物,用童话的形式解释给他听。例如,下雨是天伤心了,他在掉眼泪,然后再给他讲雨水是怎样形成的。

看阳阳听得津津有味,我觉得自己做了一个成功的回答者。

孩子有千奇百怪的问题,总也问不完。孩子好问,父母千万别厌烦,这表明他有强烈的求知欲,表明他一直在思考。孩子认识世界,正从提问开始。

♥ **教子建议**

1. 一时回答不了的问题,要给孩子一个等待时间。孩子的问题,也有父母一时回答不了的。此时,父母不要说"不知道",而应说"给我一点儿时间,我会尽快告诉你答案"。这是一种尊重,能呵护孩子提问的欲望。

2. 孩子的问题再幼稚,也不能嘲笑。孩子的大问题,也可能是父母眼中的小问题。时常,父母会觉得问题很幼稚,会嘲笑孩子。一旦嘲笑,孩子容易生出自卑心理,还会压抑探索的欲望,不愿意继续主动思考了。

3. 鼓励孩子提问题,表达自己的各种疑惑。生活中,父母可常鼓励孩子。例如，问他"这件事，你有什么意见吗？"父母主动邀请孩子提问，孩子才能积极地思考。孩子能投入思考、学会生活，才能变得更独立、自信。

8. 不嘲笑孩子的"傻问题"

冬天到了，终于下了第一场雪。

早晨穿衣服时，阳阳又调皮了，他就不穿衣服。

我说小心冻坏了，他却嘟着嘴狡辩："妈妈，你看，阿福不穿衣服，我也不穿。"

我马上说："阿福是狗，从小就不穿衣服，它有狗毛，它不怕冷的。"阳阳一听，马上扯着头发说："妈妈，你看，我有头发。"

我劝他说："好吧，那你头上就不戴帽子了，但是，你其他地方，光溜溜的，多冷啊。"

阳阳听了，对我说："妈妈，要是我全身都长毛，多好啊，这样就不用穿衣服了。"一到冬天，里三层、外三层的，莫说孩子，就是大人也觉得麻烦。可这是人类的需要，人身上的毛已经退化了，需要衣服来保暖。

苏宁在一旁听了，乐得呵呵笑，他说："我的傻儿子，让你妈给你买一身狗毛得了，穿着也暖和。"苏宁这么一说，阳阳就更认真了，直嚷着要去买狗毛外套。

我见状，只好转移他的注意力，指着窗外说："你看，下雪了，快穿上衣服，我们出去玩雪。"阳阳想玩雪，他听后，终于穿好了衣服。

一出门，阳阳见到了阿龙，就炫耀地说："我妈妈说了，要给我买一个狗毛外套，这样我就不怕冷了。"阿龙一听，赶紧也去找他的妈妈要。我听后，一时间哭笑不得。

小区的孩子在阳阳的带动下，都觉得小动物很好，可以不用穿衣服。大人们听了直说，这些孩子真傻，嚷着不想穿衣服。给他们买的衣服，多漂亮啊，还不喜欢穿。

阳阳想穿狗毛，我无法反对，他这个阶段想象力正旺盛，好奇心也重，什么都想尝试。后来，我就给他买了件灰绒毛的外套，阳阳很喜欢，到处炫耀。阳阳还说，这衣服很暖和，风吹过来毛就跟着动，特别好玩。

孩子的"傻问题"，都暗含着一种情结，孩子越热衷，越不能给他泼冷水。孩子爱做梦，这些不切实际的梦，易变成大人眼中的"傻问题"。我们不嘲笑，就是在呵护他童年的梦。

教子建议

1. 孩子一切新奇的提议，都值得认真对待。孩子提出新奇怪异的问题，常听得父母哭笑不得。无论如何，父母一定要保持耐心，听完孩子的问题。倾听，是尊重的第一步，然后才是认真对待他的问题。若能够执行，就大力支持孩子，允许他去尝试。

2. 从孩子的视角看待他提出的问题。成人和儿童，看问题的视角有差异。孩子一旦提了"傻问题"，父母要立马换位思考。换个角度，才能真切理解孩子的看法，才不会误解童心。

3. 尊重孩子做梦的权利，呵护孩子眼中的世界。孩子提出的问题，不论多傻，也要鼓励他多提。这是捍卫孩子的话语权，保护孩子做梦的权利。孩子能用儿童的眼光看世界、体味生活，才能人格健全、心理健康。

9. 赏识孩子的新奇发现

我们老家屋檐下，来了一对燕子。它们每天都很忙碌，衔泥衔树枝，筑自己的家。

阳阳发现了，他告诉我："它们在做房子呢，真有意思，还要用到草呢。"

每天，阳阳都会站在屋檐下，怔怔地看上一会儿。

有一天，他把自己的面包给燕子吃。没想到，燕子不喜欢，动都没动。阳阳失望地说，燕子不吃我的面包。

我听后，翻开一本科普书，指给他看"燕子"一节。阳阳看得很认真，他知道了，原来燕子是益鸟，专以蚊、蝇为食。几个月就能吃掉25多万只昆虫呢，它们不吃面包的。

知道这些后，阳阳更喜欢燕子了，知道它自己能捕食，不习惯于被喂养，便不再放面包了。我看阳阳有热情，便一直鼓励他，多看看燕子，多写观察日记。燕子做好窝之后，出来的时间少了。阳阳发现后，我就叮嘱他用心看。果不其然，阳阳不久就发现，多了几只小燕子。

观察燕子后，阳阳的日记中，燕子便成了主角。他观察得细致、用心，作文也常被当成范文来读。

孩子的观察能力，牵连着思维能力。一个细心观察生活的人，也是认真思考的人。世界说大不大，说小也不小，孩子要用尽量短的时间，充分地认识世界，才能更快地成就自我。善于观察，才能对世界认识得更细致。

时常，阳阳会向我们报告新发现。例如，"小鸭和小鸡都是穿的黄衣服，可一长大，就都换衣服了"。这类发现，都是阳阳在认识世界。虽然在我的眼中，它们换装已经平凡无奇，但是在阳阳的眼中，这可是哥伦布的"新大陆"。

每当阳阳向我报告新发现时，我会兴味盎然地倾听，鼓励他去全程跟踪，多从书本、影视作品中，增加对"新发现"的了解。我知道，趁着阳阳有兴趣，愿意吸纳新知识，更应该多鼓励他去探索。多一些探索，能加速孩子对新事物的认识。

孩子出生后，就会睁着好奇的双眼，观察这个世界。每一个新发现，都是一串小小的成长足迹。孩子发现得越多，成长得越快。这些新奇发现，件件都值得父母去赏识、鼓励。

教子建议

1.注重培养孩子的观察能力。观察能力也是一种重要的学习能力。从小，就要鼓励孩子多看、多想，引导孩子养成仔细观察的习惯。一些新东西，可让孩子先观察，然后准确地描述出来。多一些类似的训练，能提升孩子的观察力。

  2. 热情对待孩子的"新发现"。成人对孩子"新发现"的态度，决定了孩子的行动力。孩子也很感性，如果没有热情的支持，很容易偃旗息鼓，不愿去积极探索。如今的孩子缺少玩伴，他们的新发现，多是说给父母听，父母的态度决定了他们的探索欲。

  3. 多给孩子提供途径，增进对新事物的了解。孩子发现了新现象，不一定明白原因，此时孩子的求知欲最浓。父母多提供一些了解新事物的途径，例如书籍、影视作品等，能增进孩子对新事物的了解。

10. 透视孩子的破坏欲

  不准碰的，他偏碰，见着盒子装的东西，他准拆个遍。看到眼前一片狼藉，他却自个儿独乐。这种现象乍一看，像是孩子在搞破坏，其实不然。

  家有男孩，多半父母会为"搞破坏"头疼。男孩比女孩更喜欢拆东西，更会破坏东西。同一件玩具，在女孩手中还好好的，男孩早已玩坏了。

  阳阳也不例外。

  我们家到处散落着残破的玩具，没有轮子的汽车，缺胳膊少腿的活动人。我常跟苏宁打赌，赌这个玩具，阳阳玩不过一星期，我常常赢得赌局。

  有一次，阳阳生病了，他死活不吃药。他提出了一堆怪理由，还故意把药化在了水里，最后硬要一口吞了苦水，差点儿没吐出来。整个过程阳阳一直在抵制，一直在折腾。我突然发现，他的闹腾只是心情烦躁想发泄。我理解他，任由他发泄，他最终还是自己喝了药。

  下雨天走路，阳阳常趁我不备，故意踩进水坑。看到脏脏的鞋子，他觉得很得意。我常常猜不透，他为何要折腾自己，明明父母都很爱他，他还常常自找苦吃。后来，我看了篇文章才知道，原来，每个孩子都渴望被父母呵护，又讨厌这种呵护，才喜欢上了搞破坏。

  孩子的内心渴望自由，渴望更自我、自在的状态。但他们还小，不得不依赖父母。这种矛盾心理，让孩子常常觉得自己渺小，觉得受压抑。

为了释放这种情绪,搞破坏便是其中一种。有时候,破坏得越成功,孩子心里越舒坦。

发现这个秘密后,阳阳偶尔恶意的"小破坏",我就不追究了。我知道,阳阳是想长大,想被成人重视,想变得更有能力。这些成人都希望拥有的,他也想早日拥有。我偶尔地纵容他,让他可以自己做主地"淘"一下,这样也能释放他的天性。

破坏欲其实是孩子想长大、想更有能力的心理表现。孩子想掌控自己,掌控更多的事物,因而对事物进行破坏。虽然事情办砸了,又添了一些麻烦,但孩子找到了自我,慢慢长大了。

教子建议

1.允许孩子通过小破坏发泄情绪。很多时候,孩子搞破坏,是在发泄不良情绪。有事情不满意了、不被成人重视了等,都会让孩子有情绪。孩子的负面情绪不会比成人少,他们也时常沮丧。此时,通过搞小破坏,发泄出不良情绪,孩子的心理会更健康。

2.给予孩子对个人物品的支配权。孩子的物品,是属于孩子的,如何处置由他说了算。给孩子相应的支配权,孩子更有主人翁的感觉,也会更加自信。孩子在处理物品时,正是在展示自我,追求一种自由、自在的生活状态。

3.别让孩子觉得自己小,受到歧视。孩子在成人面前,会有弱小、不自信的感觉。父母总是否定他,会加剧他这种感受。这样的孩子很乖,也不敢随意搞破坏,但个性会被压抑,不利于他身心的健康成长。

11."淘气"里藏着的秘密

如果"淘气包"的自我能充分发展,那么他们的心理会更健康。时下"淘气"很流行,许多淘小子很吃香。

电视剧《家有儿女》中的刘星,就是一个典型的淘气包。杨红樱的《淘气包马小跳》系列，也提倡孩子淘气点儿好。这些新观点，都在扭转"淘是不听话"的理念。

话是这么说，家中真有一个淘小子，父母的担心还是会成倍上升。淘气包闯祸的概率，会比平常孩子高好多。无论外出还是在家，父母常因孩子"淘"而血压上升。修养再好的父母，也有被淘气包惹怒的时候。

我家阳阳，很荣幸地，就是一个淘气包。

有一次，他一个人在家玩，我专门锁上了防盗门，怕他出去闯祸。没想到，他在家玩"爬山"，从桌子上柜顶，然后跳到床上来。看见自己弹得好高，他兴奋得不行，一遍一遍地来。最后结果可想而知，他把床跳了个大窟窿。

我和苏宁见了，都忍不住想打他。阳阳也吓住了，他也没想到会跳坏床。床是我们花好几千元买的，怎么能不心疼呀。

我让阳阳面壁反省，想好了再来跟我解释。我给他解释的权利，但错就是错了，他得认识错误。阳阳站了二十多分钟后过来说，他跳第一次，觉得像游乐场的蹦蹦床，就上瘾了。然后，就一次又一次地跳了。最后，就听到"砰"的一声，他也吓坏了。

我说，要是弹到地上摔着头，就摔傻了，多危险啊。阳阳一直低着头，不说话。经过这件事，阳阳老实了一阵子。但很快，他又恢复了"原形"，继续从事各种冒险的事。

小区里有几棵老树，阳阳常带着一帮孩子比赛爬树。每次他们都会惊动保安，护着他们下来，严厉警告不准有下次了。可趁人不注意，他们又上去了。好在阳阳技术好，一次也没摔过。

我也常跟阳阳讲道理，但一直讲民主的我，倒是让阳阳有了放纵的机会。每次犯错后，我先训他一顿，阳阳会为自己争辩。他说着说着，我就发现，他是明事理的，只是好奇心太强、太爱玩了。想到这些，我便不忍心怪他"淘气"了。

一来二去，阳阳也明白，妈妈不喜欢责骂他，只是担心他。知道这一点后，他也会衡量每件冒险事的安全性，会谨慎地保护好自己。

有人说，淘气是男孩的天性，是孩子健康快乐成长的表现。是啊，淘气中藏着的正是孩子的一颗童心，是孩子对生命的激情，是孩子想去

93

探索的欲望。只要孩子不伤着自己，淘气点儿也行。

🔻 教子建议

> 1. 弄清孩子的淘气动机，区别对待。孩子会因好奇心、想引起注意、精力过剩、发泄负面情绪等动机，引发淘气。父母要深入背后，弄清原因，多观察孩子的动机，不委屈孩子。好的淘气，可妥善引导；坏的要批评教育。
>
> 2. 保护孩子的好奇心、探索欲。孩子因好奇心，引发了探索欲，此时，父母可好好引导。利用孩子的兴趣，让孩子了解新事物，学习新知识。一旦满足了好奇心，孩子便不再淘气了。例如玩水、玩电，都可以这样引导。
>
> 3. 增强孩子的自我约束力，不恶搞。孩子过于淘气，是约束力差、规范意识薄弱的表现。生活中很多场合需要规则意识，如课堂上，严肃的公共场合中等。为了防止孩子恶搞，父母可利用绘画、下棋、体育运动等来培养孩子的耐心及规范意识。

12. 听话不一定就是好孩子

孩子该玩的时候，可以玩得很疯，但该专心的时候，能够专注下来，就是一个好孩子。孩子乖巧、听话，每天认真练琴、背唐诗、学英语，这样的孩子，不一定是好孩子。

孩子除了优秀，还要心理健康，有健全的人格。童年期，是一个人最自由、最能要求自我施展的时期，个性一定不能被压抑。

我有一个朋友，在美国定居。他对我说，国内上幼儿园的孩子，一个个都穿得干干净净，坐好了听课。美国的幼儿园里，常见到孩子拿着巧克力酱，互相打闹、涂抹。孩子们玩得很兴奋，也玩得脏兮兮的。老师和父母不干涉，只站在场外为他们鼓掌。

我得承认，我也时常要求阳阳，做个讲卫生的孩子。早晨穿出去的衣服，回来时要能见人。如果脏得不成样子，我也会皱眉头。

听完朋友的描述后，我马上开始反省，我是不是太想阳阳"听话"了。我让他学美术，让他跟我练口语，让他保持干净、懂礼貌。我的要求很多，希望他都能遵守，希望他"听话"。

一想到这些，我马上意识到我错了。好在我还是一个比较民主的妈妈，还没有一味强制他服从。我也常听阳阳的意见，也遵从他的意愿，但程度还远远不够。

后来，阳阳跟我顶嘴时，只要他有理，我就依他的。阳阳想在沙发上跳，我只嘱咐他一句"注意安全"，剩下的就由他了。我一放纵阳阳，他就常常玩得很疯，变成了十足的淘小子。

邻居见了，也常常说："你家阳阳，胆子真大，真淘气啊。"我听了，也只是笑笑。阳阳因淘气大疯特疯，玩得大汗淋漓时，笑得也是最开心的。

一旦淘气，就容易出现一些意外伤。我也教阳阳如何处理小伤口，教他一些基本的防范常识。阳阳的自我防范意识增强了，一些小伤情，他也能完全自己应付。

有了孩子之后会发现，孩子常常有"非常"之举，父母常常应接不暇。尽管如此，我们还是不要孩子太"听话"。我们若用威严剥夺孩子淘气的权利，会压抑孩子的天性。

教子建议

1. 不强求孩子遵从旨意，允许反对。想要一个听话的孩子，父母的旨意就成了圣旨，不能违抗。孩子一旦反对，就是叛逆，就该被训斥。这种方式能培养一个乖乖仔，也可能是一个更叛逆的孩子。这两类孩子，都不是个性健康、人格健全的孩子。

2. 不要求孩子做人上人，做人中人就行了。希望孩子听话，为孩子安排各类活动，初衷是让孩子做人上人。为了优秀，他必须按父母的安排努力去学。其实，能成为人中人，充分发挥人的个性，就是一个最优秀的人。

3. 给孩子营造个性自由成长的家庭氛围。在自由民主的家庭氛围里，孩子能表达个人意愿，能做最喜欢的事。孩子有自尊、被尊重，更像个主人。在这样的环境中，孩子是不"听话"的，是非常有主见的，是身心健康的。

13. 激励比指责有用

远远地就听到楼道里，传来了打骂声。阿龙的妈妈，又在骂他了。

阿龙的妈妈说："早说了，前进一名，我奖你一百元，现在可好，倒退了五名。"阿龙在一旁红着脸，呜呜地哭。

阿龙家生意忙，妈妈也常出差。每次妈妈一回家，最关心的就是阿龙的学习。眼看着，打也打了、物质奖励的手法也用上了，成绩还是没起色，阿龙的妈妈也头疼了。

阿龙跟我们在同一栋楼，阿龙常到我家玩，他的事，我很清楚。有一次，我问他喜不喜欢妈妈。他说喜欢，但是她不关心他，做错了事就骂他。

金钱方面，阿龙妈妈很大方，这惯养了他的坏脾气。大家喜欢跟他玩，他玩具多、零食多，还特别喜欢帮助人。阳阳跟阿龙住得近，同龄，两人关系也很好。

有一天，阿龙妈妈跟我倒苦水。我诚挚地劝她说，孩子不能总骂，骂皮了，话就不管用了。孩子应该多夸，常常激励一下，让孩子感受到父母爱他，愿意看见更优秀的他。孩子这样想，才会自觉约束，做得更好。

阿龙的妈妈带着试试看的心理，决定多夸夸儿子。阿龙身上有很多优点，他是个热心肠、有正义感的男孩，非常讨人喜欢。

后来，我常听阿龙妈妈说，阿龙哪些事做得不错。小家伙被夸了，还时常不好意思。阿龙的妈妈是一个精明的女强人，夸人是她擅长的。她转变态度后，阿龙也更有自信了。

有一次，阿龙妈妈高兴地说："儿子最近主动写作业啦，字还挺工整，真是有效。"我听后忙告诉她，阿龙常被训，能被夸肯定会特别有效。但夸他时要真心诚意，常常变化手法。这样夸奖才能持续发挥效用。

阿龙爱妈妈，能被妈妈赏识，他很珍惜。果不其然，打骂和金钱都失效后，夸奖和激励见效了，阿龙的成绩终于进步了。

激励是一种正向教育手法，在激励中长大的孩子，潜能得到了更充分的发挥。优点在激励中能更加闪亮，缺点在激励中会慢慢变小。

● **教子建议**

> 1. 用激励的手法去传达对孩子的期待。希望孩子学习好、生活习惯好，都是美好的愿望。这些期望，都能通过激励的手法传达。例如说"妈妈相信你，一定能把字写工整"，相较于"你的字太差了，重写"，孩子会更乐意接受前者。
>
> 2. 孩子也想学好，打骂易伤害孩子的自尊。每个孩子的内心，都渴望被父母认可，被更多的人赞许。孩子的自信，从激励鼓舞中来，与打骂无关。打骂容易加深孩子的负疲感，让孩子变得更自卑。
>
> 3. 要对孩子有信心，相信他能行。作为父母，一定要无条件地信赖孩子，对孩子有信心。父母相信孩子，就是在为孩子加油，就是在激励孩子。面对优点，父母说"我欣赏你"，孩子会继续发扬；面对缺点，父母说"你能行"，孩子能全力改进。

● 14. 父母的付出不是为了索取

有一天，我发现熊子澄躲在花架旁揉眼睛，他在偷偷地哭。他可是个大大咧咧的孩子，这是怎么了？出于好奇，我就走过去问他。原来，他考试退步了，妈妈臭骂了他一顿。

他跟我说："我讨厌妈妈。"

我想想平时，他妈妈是非常照顾他、爱他的，便说："你妈妈对你这么好，为什么要讨厌她？"

熊子澄说："李阿姨，她是对我好，可都是有条件的。"

我听了，有点儿纳闷，心想：父母对孩子好，怎么会有条件，我一点儿都不相信。他见我不信，就说开了。他转述了妈妈的话，现在，妈妈能让他住楼房，以后他得让妈妈住公寓。现在，妈妈供他在重点小学读书，将来，他要供妈妈到国外生活。

他说到这里，我终于明白了。原来，熊妈妈想激励儿子，就采用了这种方式——向孩子索取未来。难怪熊子澄不感激妈妈的付出，还有些记恨。因为在他心里，这些付出是他将要成倍偿还的债。这笔债，熊子澄背得很累。

我开导他说："你妈妈不是这个意思，你将来做不到，她也不会怪你的。她是想让你好好学习，才说这些话激励你的。"

他懊恼地说："李阿姨，我妈妈说得可认真啦，她一直这样说，可不是骗我的。你看，我刚考差，她就受不了了，觉得我非常对不起她。"

看着熊子澄，我也有些同情这孩子了。我嘱咐他去外面玩一会儿，别伤心，有机会，我会劝劝你妈妈的，别这样逼你了。他听后感激地跑开了。

别人都说，父母为孩子付出那是无私的。其实从内心讲，的确是无私的，但常常因错误的方式，把付出变成了债务。孩子收了付出，就得偿还，得努力做人上人，尽孝心。

这种想法，常常让纯洁的亲子互动蒙上了丑陋的色彩，也伤了孩子的心。

付出是为了孩子的成长，而不是为了将来的索取。如果不想索取，只想激励孩子，更要舍弃这种方式。孩子背着沉重的亲情债，不能轻装上阵，将无法体味成长的乐趣。

教子建议

1. 希望孩子好，要有一个好的初衷。天下的父母，都是希望孩子好的。父母凭孩子而荣耀，也是古今都有的事。就算有这种私心，想凭孩子炫耀自己，也别轻易流露。这种思想是一种毒，用得不当，容易毁了孩子的幸福感。

2. 忌用亲情债逼孩子搞好学习。"我对你这么好，你一定要好好学，不然就对不起我。"这种亲情债，容易造成两个极端：一是孩子非常懂事，舍弃自身个性和幸福，成全父母的期望；一是自暴自弃。这张牌，父母要慎用。

3.成长是孩子的事，不是为了父母。孩子在成长过程中，父母不要篡权，让孩子成为傀儡。人生是孩子的，成长是孩子的，不是父母的。孩子一出生，父母就应时刻告诫自己，孩子不是私有品，是一个独立自主的人。不做傀儡，孩子才能更幸福。

15. 鼓励表扬，忌简单化

阳阳两岁时，有一天，我在床上看书，突然发现拖鞋被老公穿走了，还在客厅里。

阳阳在玩积木，我大声喊："小宝贝，快帮妈妈拿鞋子。"他觉得有趣，马上拿来了，我则表扬他"真乖"。没想到阳阳听了，理都没理我，径直就走了。

我纳闷，这孩子，夸他"乖"也失效了。刚才，真想谢谢他，他怎么一点儿都不喜悦？

仔细回想后，我才发现，我说"乖"的频率太多了，阳阳都不稀罕了。他要自己吃饭，我说他乖，他主动学画画，我也说他乖。反正，只要他按要求做事，我一律说"真乖"。恐怕还在他婴儿期，我就常说"乖"了。

明明是一句表扬，可在阳阳耳朵里，竟不如一句笑话能吸引他。我只得承认，我表扬孩子的手法，太落伍了。虽然说"真乖"时，我是真心的，是自然而然的，但阳阳听后，并没有产生被表扬激励的效果。

第二次，他帮我拿鞋时，我多说了几句："宝宝，能帮妈妈忙了，妈妈好爱你呀，来，亲一个。"这一次，阳阳睁大眼睛，面带微笑，把脸凑了过来，让我亲了一下。

第三次，他帮我拿鞋，我说："宝宝会疼人了，心疼妈妈，怕妈妈脚凉对不对，谢谢。"小家伙一抿嘴，羞涩地跑开了。

虽然如此，但我知道，我的话入了他的心，他有反应了。我的表扬，他听进去了，他也喜欢上了为父母服务。此后我们有吩咐，他总是乐意去做。

自从发现这一点后，我从不简单地夸他。不说"你真棒""你真好""你真了不起"之类的话。他好在哪里，我总会说明白，让他知道我欣赏的是什么。一来二去，阳阳也知道，自己在哪些细节上会被父母夸奖。他也在刻意维持，保持自己的细节优势。

孩子的耳朵是敏锐的，心是灵敏的，父母说的话，他们会特别留意。

简单化的鼓励和表扬，在孩子眼中是"廉价货"，他们不喜欢。孩子一旦听多了，不仅没有激励的效果，还容易被激怒，夸他他都不爱听。的确，夸得不好，孩子真的不爱听。

❤ 教子建议

1. 不要只说现象，要表扬深层的原因。表扬不能笼统，不能只说现象，这样说孩子不清楚父母是整体喜欢他这个人，还是喜欢他的某一个细节，或者某一个习惯。同时，要找到深层次的原因，点一下，让孩子明白，父母是喜欢他这一点。

2. 照顾孩子的情绪，用他喜欢的方式传达欣赏。孩子也会有情绪，要注意传达方式。例如，孩子很忙时拍他一下，做个手势，就传达出欣赏了。孩子想分享时，多陪他聊聊事情的过程，一点一点地赏识他更佳。多为孩子考虑，才能夸到孩子心里去。

3. 多夸细节性优点，帮孩子巩固好习惯。有时候，夸得越细致、越深刻，效果越好。孩子能清楚地知道，自己哪里好，哪种心理状态好，才能更准确地保持优势。常常肯定这些优势，能帮孩子渐渐养成一种好习惯。

五、社交能力修行：孩子的情商培养，越早越好

1. 领导力不是天生的

领导意识是一种坚强的精神和独立的意识，它不是天生的，是培养出来的。领导力需要父母在孩子年幼时，遵照一些简单的规则来培养。

孩子要想具备领导力，应从八个方面，得到培养和支持：

① 父母要做孩子的支持者，让孩子的自信心循序渐进；
② 鼓励孩子自己去探索；
③ 把精力放在成功上，而不是担忧会失败上；
④ 劝告孩子多想成功少想失败；
⑤ 鼓励孩子模仿敢于探索、挑战的人；
⑥ 听听孩子的梦想；
⑦ 要有远见，能清晰解释自己的梦想，并影响他人跟随自己干；
⑧ 给孩子当领导的机会，让他经受锻炼。

阳阳一出生，我就成了他最坚定的支持者。

第一次，看着他歪歪扭扭、一步一步学走路，当他成功扑进我怀里时，我马上亲吻了他，以示奖励。阳阳品尝到胜利的滋味，小脸笑得亮堂堂的。

阳阳学踢球非常认真，可还是没踢进去。我再次给他演示技术，让

他练习,同时说:"嘿,我挺喜欢你这种踢球的风格,很有进取精神啊。"没踢进去,是阳阳也知道的事实,我不必再次提醒了。总之,他很努力,就值得我去赞赏。

也许阳阳的自信,正是我这样一点一点肯定出来的。

有一年夏天,阳阳在户外玩,下雨了,他却选择去疯狂地玩水,成了落汤鸡。看到他狼狈的样子,我没有责备,而是放手让他去探索,去体味身体与自然的接触。

阳阳能表达自己了,我告诉他,人都有一个梦想,就是长大了最想做的事。阳阳也有了梦想,当一个画家,能四处去旅游。我给他报了培训班,让他在梦想的激励下,一步步前进。我告诉他,别介意最终的结果,好好享受学画的每一个过程,这才是最重要的。

物以类聚,人以群分。阳阳的朋友中,也多是敢闯敢闹的孩子,大家相互为榜样,相互模仿。群体活动中,我鼓励阳阳做"领头羊"。每次,他都能给出一个方案,鼓动大家跟着他玩。

看着阳阳活泼自信、敢闯敢干、有主见,我也在他身上看到了领导能力。阳阳慢慢长大了,学校有班委竞选,有社会团体活动,我都鼓励他参与。时常,我会变成他忠实的粉丝为他加油。他也有失败、不被人认可的时候,但他能马上找出问题,重新再来。

阳阳在这些舞台上,一步步地成长着,俨然有了小领导人的风范。这一切都让我感到欣慰,但我知道,我依然任重而道远。我这个母亲,还得一直默默地引导他、支持他、爱他。

领导力是一个人办大事的能力,是一种综合素养。它并非天生,一定要靠后天的培养。从小就应注意引导,让孩子一点点具备领导意识,成为"领头羊"。

教子建议

1. 要意识到领导能力的重要性。作为父母,首先要意识到领导能力的重要性。在美国,父母都非常在意孩子是否有领导力。从小就从各方面去培养孩子的领导能力。他们的孩子大多是独立自信的,具备较强的领导力,这点值得我们学习。

2. 要掌握相应的培养方法。上文中讲了核心的八点,每一点在具体培养时,还对应着相应的细节。先掌握培养方法,然后在生活中,润物细无声地完善各项细节。父母要积极吸纳好的培养方法,帮助孩子提升领导力。

3. 要做孩子的榜样。生活中,父母应时时落实上述八点,给孩子最直接的熏陶。父母身上也有坚强独立的精神,要不吝于向孩子展示。这是一种环境熏陶,父母如此潜移默化,无形中就能教孩子如何做个领导人。

2. 帮孩子提高社交能力

我喜欢带阳阳到各种公共场合玩。

小时候,常常去广场或公园小朋友多的地方。最初看到陌生人,阳阳也是怯生生地看着,不知如何是好。

有一次,他看着别人玩,就小心翼翼地走过去,蹲下来眼巴巴地看着他们,心想:他们怎么都不理我?终于,他敢开口跟别人答话了。他一说话,大家马上注意到他了,也就有人答他的话了。

阳阳见状,又提出自己的要求,问:"能不能我也参加。"他态度好,就被小群体接受了。

这是阳阳第一次,凭自己的能力成功地进行了一次社交活动。

后来只要看到孩子们在一块玩耍,阳阳都大胆地走过去,要求参与。

渐渐地,他也交到了几个朋友。我还会让他邀请朋友到家里来做客。阳阳挺像小主人的,主动拿玩具、拿水果。当然,也有发生纠纷的时候,阳阳生气地赶他们走。小朋友走后,阳阳又后悔了,跑去道歉。这些事,我只是看着,从不插手去管。

分分合合中,阳阳学会妥善应付小纠纷了。

我去超市、电影院、书店、火车站,只要阳阳有兴趣,我都带他去。不同的场合,有一些不同的规矩。每一种人,打交道时态度和方式都会有差别。

一来二去，阳阳学会了一套礼貌用语。如何在这些场合办事，他也略知一二了。有不懂的，我会一一告知他。知道的多了，阳阳也不怕进出这些场合，也能应对自如了。

大型休息日，我喜欢带阳阳去旅游。我知道，每一个地方都有自己的特色，展现着各种异域文化。每一次出行，都是一个系列活动，要与人打交道，要处理各种问题。这些处处离不开交际，这么多变化，是不同的交际挑战。

我常常落后一步，让阳阳多承担一些交际事务，让他来处理各种交往问题。看他一天天技能娴熟，我也觉得让他吃点儿苦很值得。

孩子就是这样，你越用他，越锻炼他，他越发灵活，能力越发强。培养交际能力，这种方法同样适用。

未来社会是一个高度交往的社会。一个人的社会活动力，一定程度上决定了他的命运。再好的酒不去展示自己，无人得知，也只能被埋没。积极地适应各种环境，适者生存，人人都需要社交能力。

教子建议

1. 重视社交能力，明白它的重要性。孩子要生存，就得与世界联系。每一次联系、接触，都是一次交往活动。孩子善于交往，能表达自己的需求，才能满足他人的意愿；共同合作，才能在各种环境中站稳脚跟生存下来。

2. 鼓励孩子积极融入生活，提升交际能力。把交往技巧直接说给孩子听，孩子一时也掌握不了。只有融入生活，让孩子自己去做事，去处理各类生活事务，才能真实地提升他的交际能力。

3. 培养孩子的礼貌意识。孩子与人交往，礼貌要先行。尊重是交往的前提，尤其是对陌生人，这直接关乎第一印象。孩子要提升社交能力，要先学会礼貌待人，礼仪是社交活动的润滑剂。

3. 孩子社交能力培养中的误区

生活中，有一些现象，貌似在提升社交力，其实是误区。

例如，认为朋友越多越好。没有朋友，固然不能交往，朋友很多，却不能持久，同样有问题。与各种人交往，不辨善恶，是友谊观有问题。朋友圈子广，并能有一些持久交往的人，才是健康正常的交际状态。

有一次，我见一位妈妈训儿子："说话大声点儿，这么小，别人不爱听。"很多时候，大声说话，被认为是开朗、会交际的表现。其实，事实并非如此。交往中重要的是传递有效的信息，是说服他人。有时候，温和谦恭的态度，更让人愿意接受。

阳阳三岁时，说了句很粗鲁的话，我马上批评了他。老公见了，直说："他还小，不懂礼貌没关系。"我一听，马上解释礼貌一定要从小培养。文明用语不是天生就会的，是学来的。我一遍一遍地教导阳阳，还时常陪他玩角色游戏，直到他学会了文明用语。

许多小孩子，总被催促着交新朋友。父母认为，孩子交到新朋友，就是在提升社交能力。但是生活中孩子最常交往的人，多是一些熟人，例如亲人、师友、社区中的熟人。学会和熟人交往，也是一门技能。在与熟人交往中，孩子的人品及能力更能淋漓尽致地得到展现。

一提到交朋友，总希望孩子与优秀的人交往。所谓优秀，就是学习好、有各种技能的人。这类人是"聪明"的人，能影响孩子向好的方向发展。但是，事实并非如此。人际交往中，一些贫穷弱势的人，一样要多交往，孩子的同情心、爱心，都能在其中得到培养。

小区里有个小女孩叫妞妞，比较胆小害羞。每次见到我，她总会躲在妈妈身后，连叫一声"阿姨"都害羞。她妈妈见了，总会马上说："这孩子，就是害羞。"她马上帮妞妞和我打招呼，还说妞妞喜欢我家的毛毛狗阿福。

一席话下来，本该妞妞说的话，全让她妈妈代替说完了。

父母常常怕孩子给自己丢脸，喜欢代孩子说话。虽然父母的尊严和面子保住了，但孩子在交际场合更加畏缩了。

交往能力，一定要孩子亲自动口，亲身锻炼，才能慢慢有长进。总是躲避，总有人代劳，孩子哪怕成年了，也会拙于人际交往。

　　培养孩子的社交能力，一定要用正确的方法、正确的理念做指导。缺了这两项，父母好心培养孩子的交往能力，却会在无形中起反作用。这样的结局，得不偿失。

◆ 教子建议

　　1. 要用科学的方法，培养孩子的社交能力。父母要主动吸纳新知识，时常反省自己的言行。对任何举措有了怀疑，都可查证一下，看方法是否合理。其实各种方法理论早已存在，就等着父母主动来获取，上网或看书，都是非常便捷的方式。

　　2. 听听孩子的心声，别强迫孩子。交往过程中别强迫孩子，有些事情孩子不愿接触，是有深层次原因的，要听听孩子的心声。父母的任务是帮孩子解疑惑，鼓励孩子勇敢交往。孩子自觉自愿地交往，才能体味交往的乐趣。

　　3. 交际能力的培养，要让孩子亲力亲为。交往必须亲力亲为，才能逐渐提升技能。父母说得再好，给的经验再多，孩子不实践还是零。父母要做个引导者，其他的事，还是交给孩子来做，这样效果会更好。

◆ 4. 考验孩子适应新环境的能力

　　孩子刚到一个新环境，对周围的人事都不熟悉。本能中会有种不安全感，会有点儿抗拒，会不信任新地方。能否迅速适应新环境，也是一种重要的生存技能。

　　我清楚地记得，阳阳三岁左右，第一次送他上幼儿园时的情景。

　　走在路上，他就说："妈妈，我有点儿怕，我们回去吧？"

　　我马上说："昨天下午，我带你逛了幼儿园呀，你还说有蹦蹦床，多好玩呀。"阳阳昨天在上面玩过，还认识了一个小朋友，叫毛兵。

　　听我这么说，他又继续往前走。刚到园门口，王老师就亲切地迎了出来。趁阳阳转身,我赶紧躲在了墙脚,怕他伤心。阳阳走了几步,一回头,见没有妈妈了,嘴撇了一下,还是哭起来了。

王老师哄着他,进了教室。一路上,他不断地回头,一直在找妈妈。

后来,王老师说阳阳睡午觉时,一会儿起身坐在床上,一会儿站在墙边抠墙皮。王老师一走近,他马上钻进被子里去了。不到一会儿,他又起身了。周围小朋友都睡着了,可阳阳就是睡不着。

王老师走过去,抱起了他。阳阳被陌生人抱着,有点儿挣扎,声音还哽咽了。王老师安慰他别怕,给他换一个地方睡。王老师把他抱到她的值班大床上,坐在他旁边轻轻拍着他,还哼着儿歌。终于,阳阳进入了梦乡。

晚上听王老师讲述后,我非常感激她,谢谢她对阳阳如此照顾。

我知道阳阳是一时间无法适应环境的变化。平时他都在家里,由我照看着,晚上和周末,都是父母陪着他。家是阳阳最安全的港湾,突然到幼儿园了,还有老师管着,他肯定不适应。

回家的路上,我表扬阳阳说:"王老师夸你啦,说你挺像个男子汉的,第一天去幼儿园,没有哭闹,比一些来了一个星期的孩子都乖呢。"

阳阳听了,挺起了小胸膛,在前面边跑边跳地往家里跑。

第二天,阳阳表现更乖了。他的反应在幼儿园里,算是适应能力强的了。

陌生环境中,人会本能地不适应,有抗拒感。但是,孩子必将成为一个社会人,要全面接触各种环境。能否迅速适应环境,是孩子从小应培养的生存能力。

教子建议

1. 从小多让孩子接触人,多去公共场合。孩子自从出生后,就多抱他出门,多看看人、事、物,让孩子多接触世界。大一点儿了,可去公园、商场、游乐场,让孩子学会融入集体。孩子多接触陌生环境,会更容易适应新环境。

2. 培养孩子的独立性,让他照顾自己。孩子不愿改变,想依赖旧环境，主要是他们想依赖父母的帮助，不想独立。平时要鼓励孩子独立做事，学会自理。孩子养成自己思考、自己处理事情的习惯，在陌生环境中会更自信。孤立无助，自卑的孩子，才会怕新环境。

　　3. 不危言耸听，不拿假、恶、丑恐吓孩子。虽然世界上有丑恶，但也有美好。父母出于各种心理，拿假、恶、丑来刺激孩子，容易让孩子形成厌世或恐惧心理。这种心态，非常不利于适应新环境。这些事可以讲述，但不能夸张，更不能恐吓孩子。

5. 让孩子学会独处自立

　　什么事，自己都能应付，所以不怕独处；什么时候，都能独自生活，所以能自立。这样的孩子，能积极适应环境，而不是被动地选择承受。

　　阳阳第一次喊"我自己来"时，我高兴地答应了。随着他一天天长大，他喊自己来的次数越来越多。有时候，明知道他做不了，他也倔强地坚持，"就要自己来"。

　　我放手，静静地看着，看他一次次犯错，一次次修正。等他疲惫了，向我求助时，我再演示给他看。然后，他又开始自己做起来了……

　　阳阳早早地学会了自己上厕所，自己冲水，自己穿衣服，自己吃饭，自己洗澡……他在一天天变得能干，一天天自立。

　　阳阳四岁左右，已经非常独立了，他有了自己的卧室。每天晚上，他会独自上厕所，然后关灯。当然，他也有尿床的时候。这个时候，他就爬上我们的大床，躲进我的怀里。我知道出什么事了，紧紧搂着他，马上我们都睡着了。

　　第二天，我收拾好他的床铺，他就自觉回去了。

　　老公看着儿子，小声说："小伙子挺独立啊，有骨气。"我则笑笑。

　　阳阳有一个小姨，也在北京。有时候，我和老公都出差，就把阳阳放在他们家。

　　第一次去，半夜里阳阳闭着眼睛喊妈妈，发现不是自己家，呜呜地哭了。小姨赶紧哄着他，马上他意识到哭很差，就接受了现实，又睡着了。

第二次、第三次去，阳阳就很适应了，不哭不闹，还自娱自乐起来。我在电话那头，听他小姨给我讲阳阳的情况，也就放心了。

有时候，我们带阳阳走亲戚，阳阳玩得高兴了，亲戚留他玩几天，我也常常大方地答应。我知道，阳阳在亲戚家，肯定会有一些不适应，但我就是想改变一下环境，锻炼他的适应力。

老公清楚我的用意，也总是帮我共同营造氛围，让阳阳自己答应住上几天。

一个孩子能够独处，敢于自立，是人格健全的表现。这样的孩子在新环境中也能迅速调整心态，积极地展示自我。迅速适应新环境，才能更早地进入最佳的自我展示状态。

❤ 教子建议

1. 鼓励孩子生活起居自己来，早日学会自理。一个生活起居上能照顾好自己的人，才能进一步谈自立。孩子早日学会自理，不依赖他人，能增强自信，也能早日走向自立。

2. 不定期改变一下孩子的居住环境。孩子的卧室可不定期改变一下，让环境有新变化。如果有机会，去亲戚家住几天，也是锻炼孩子适应力的好机会。暑假若有夏令营等离家的活动，可以鼓励孩子参加。

3. 不怕孩子失败，给予正面引导。走向独立的过程中，犯错是不可避免的。此时，父母要多鼓励，少打击。一些秽言恶语，千万别随意泼向孩子，这样会导致孩子自卑。一个自卑的孩子在新环境中，总是畏首畏尾，适应缓慢的。

6. 创新能力彰显出人生价值

一个孩子将来的成就大小，关键看他的创新能力。创新能力是人最重要、最有价值的一种能力。没有创新，我们的社会、我们的地球将停止进步。

飞机上天了，探测器顺利到达火星表面了，新款智能机器人诞生了……这些都是创新能力的成果。没有创新，我们的生活将会变得多么陈腐，将会少多少惊奇啊？

一直以来，我为阳阳营造着宽松愉悦的家风，不想他太受束缚。我希望他的思想，像小飞侠彼得·潘一样，能随时起飞，飞到他梦想的国度去。

家里的事情，我从不一言堂，都让阳阳发表意见。阳阳能够谈想法，决定做不做，才像个小主人。他说的每一句话，都没有被处罚的危险，因为他有和父母平等的权利。

正是这样，邻居们常看见我和阳阳为了一件事，争吵得脸红脖子粗。虽是吵，但我从不说侮辱他的话，我只陈述理由，阳阳是为自己的理由争辩。

一个家庭中孩子能顶嘴，能和父母争吵，他的心才是自由的，才是不被压抑的。

说实话，阳阳不怕我，非常大胆，常有惊人之举。

有一次，他突发奇想，从柜顶上跳到床上玩，结果跳坏了我的床。我当时气坏了，但我说出他犯错的理由后，阳阳认错了。事后，他依然觉得自己很有创意。他在跟人聊天时，还常常会炫耀一下这件事。

平时我在批评他时，从不伤害他的人格及自尊。我只是指出他的错误所在，或者错误思想，提醒他别再犯了。我的批评向来都是对事不对人。因此阳阳不怕我，依旧我行我素，天马行空地乱来。

阳阳点子多，一群孩子中，他不是军师就是主帅，大家愿意跟他玩。有人跟随，让阳阳在群体中很有成就感。

阳阳的地位，不源于他会跟随，源于他会创新，他敢带领大家走新路子。孩子都是爱探索的，谁的创意好，有意思，就愿意跟谁一起玩。"孩子王"多是凭创意取胜，这也是人常说"淘小子出好的"的原因。淘小子就是好在他有创意，好在他有想象力和创造力，他敢打破常规。

回首往事，一个人一生创造的最大价值，不是循规蹈矩的那些事，正是异于他人、最有创意的那些事。这些事只专属于他，最出彩，正是他人生价值的彰显。

教子建议

1. 给孩子营造宽松愉悦的家庭氛围。一种性格、一种思维习惯，需要在好的氛围中成长。家庭风气正是培育性格的沃土。宽松愉悦的环境，体现的是民主、平等和尊重，能塑造自由、创造力丰富的灵魂。

2. 常带孩子接触新、奇、异的事物。新、奇、异的事物就是新事物，孩子接触得越多，越能见多识广。了解了花鸟虫鱼的特性，见识了世态人情，孩子的心才是活跃跳动、充满激情和想象力的。这种人的想象力强，能随时触发灵感。

3. 鼓励孩子大胆地、探索性地玩耍。玩是孩子的天性，玩也能提升创新思维能力。各种游戏，不要太限制孩子，让他多尝试不同的玩法，玩出新花样。哪怕是去冒险性地玩，也可在保护安全的前提下，大力提倡。会玩、敢玩的孩子，创造力都特强。

7. 儿童的智慧在手指尖上

要想孩子心灵手巧，手脑要并用。一个孩子的动手能力，正是他聪明程度的反应。幼儿期让孩子多动手，就是在开发智力。

常听一些妈妈说："你只要学习好，其他的都不用干。"

我曾见过一个孩子，当时被称为神童，她五岁时，各科综合测评就达到初中生水平了。这个孩子还弹得一手好钢琴。妈妈和她寸步不离，负责她的一切饮食起居。五岁时，妈妈还给她喂饭。

这个孩子，的确掌握了很多知识，但她的动手能力非常差。

这样的孩子，我不知道能不能称为智慧儿童。毕竟人生路还长着呢，不是懂了"1、2、3"，懂了"A、B、C"，就是懂得了生活的全部。

后来，我看了一个真实的案例。一个女孩，成绩非常优秀，考入了清华大学。入校后，她自理能力太差、依赖性太强，完全不适应大学生活。她非常孤独，备受折磨，一年后就退学了。听到这个消息后，父母一夜间白了头发。女孩坚决要退学，要重考一个离父母近的大学读书。

这样的例子只能说明，成绩好不代表孩子是智慧的。一个孩子没有动手能力，哪怕成绩再好，还是无法成功融入社会。

我希望阳阳成绩好，但我更希望他动手能力强。我希望，他是一个健康、灵活、自强自立的孩子。

阳阳从两岁起，我就鼓励他"自己来"。他学会自理后，无论学习有多忙，房间都是自己整理。四岁时，阳阳就能独自睡了，虽然刚开始时他也想妈妈，但我希望他能早日摆脱这种依赖心理，我坚持让他独自睡。

每天半夜，听他独自起床、上厕所、关灯，我虽然心疼，但也觉得十分欣慰。毕竟阳阳长大了。

孩子懂的知识多了，不一定被称为智慧儿童。但动手能力强，事事亲力亲为的孩子，绝对不是一个笨孩子。心灵才能手巧，多动手，善于动手，一定是心灵的表现。

教子建议

1. 不要包办代替，剥夺孩子动手的机会。"小皇帝"的生活，是一种畸形的生活。末代皇帝溥仪在劳改时，连螺丝钉都不会拧，无疑是低能的表现。父母包办得多了，孩子动手就少了，这是在造就孩子的另一种残缺。

2. 真正的爱是放手，不是事事帮孩子做。孩子的事，帮忙做得越多，仿佛爱得越深，其实不然。适当的放手，孩子事事自己会做了，才能更好地照顾自己。父母总有老去的一天，孩子必须自立，动手能力是孩子好好生活的保证。

3. 学知识的同时，不能忽略了学技能。学习语、数、外、政、史、地，能帮孩子认识世界。但穿衣、吃饭、乘车、整理房间、修理用品等生活技能，却能帮助孩子好好生活。孩子自立，事事自己动手，才能摆脱依赖，变得更健康、独立。

8. 长大了再学来不及

三岁以前，是培养孩子生活能力的最佳时期。过了这一阶段，孩子的学习热情下降，会习惯于被服侍。父母不帮忙，孩子会懒得动手，事事等着，依赖着他人。

有一次，我们全家人出门玩。阳阳在系鞋带，他摆弄了半天，还是系得松松垮垮的，他也非常不耐烦。爸爸见了，二话不说，蹲下去就帮忙。不到三秒，阳阳的鞋带系好了，我们出门了。

我见了，来不及阻拦。上车后，我问阳阳："刚才爸爸给你系鞋带，快不快呀。"阳阳羡慕地点点头。我见了，就和他商量，现在坐在车上也没事，不如我们来练习一下，和爸爸系得一样快，好不好？阳阳同意了，我帮他散开了鞋带，让他学系鞋带，爸爸见状抱怨说："多大点儿事，大了就会了。"

我赶紧反驳说："那可不一定，我曾见过一个孩子，十几岁了，都还系不好鞋带呢。"

我告诉孩子，系的时候手要抵着鞋面，把带子绷直，如何用力。阳阳倒是认真，一遍又一遍地学着。整个车程半小时，阳阳一直在练习。我们到达郊外时，阳阳也能熟练地系鞋带了。

其实，孩子做这些事，也是在探索。父母稍微鼓励一下，他就能把自理当游戏来学。学会了一件，就少求人一件。孩子能自理，还能提升自信心。

小朋友们在一起，除了比知识，比吃穿、会玩之外，还比谁更能干，能够自理，例如自己上厕所、自己系鞋带、自己叠好午睡的衣物，都是非常了不起的。同龄人见了，都会瞧得起孩子，相反什么都不会的孩子常常会被嘲笑。

阳阳已经上幼儿园了，他也知道这些，所以学这些小事情时很用心。

我发现，阳阳在动手系鞋带时，手、眼、脑得协调作用，共同配合，否则系不好鞋带。可别小看这个动作，它也是一个精细的思维过程。阳阳能成功完成，会有一种成就感。

生活自理能力需要从小培养，一旦孩子超过三岁，没有习惯于自理，就会习惯于事事等父母来帮忙。慢慢地，孩子会认为这就是父母的事，学会了偷懒耍赖。更严重的是，孩子会讨厌自理。

◆ 教子建议

> 1. 不要"无微不至"，鼓励孩子做精细活。吃的、穿的、用的，不一定要无微不至地关怀。保护一过度，孩子的动手技巧就不合格了，全要父母来代劳。穿、叠、系、扣类的精细活，孩子一时做不好不要紧，多鼓励孩子。
>
> 2. 少玩高档玩具，多玩简单需要想象的游戏。复杂新奇的玩具，只能带来短暂的刺激。玩它们时孩子不需要多动手，只需要享受就行了。其实要开发智力，应让孩子多玩锻炼手指灵活的玩具，如积木、拼图、橡皮泥等，它们都能锻炼孩子的想象力和动手能力。
>
> 3. 少定规矩，鼓励孩子多玩、多动手。规矩一多，就会这不能动，那不能碰，孩子的动手机会就被束缚了。孩子在玩耍时规矩越少越好，让孩子多动手、动脑，玩个痛快。规矩少了，孩子无意识中才会更爱玩、爱动、爱闹。

9. 合作与分享，生活变美好

周末到了，阿龙来找阳阳玩。

一开门，两个小家伙就抱在了一块儿，亲热得不行。

我提议，一起到广场上去玩。两个孩子手拉手，走下了楼。一下楼，阿龙看到有人放风筝，就大步走，阳阳不感兴趣，就走得慢。不一会儿，就成了阿龙拖着阳阳走了。阳阳倒也不介意，就让阿龙拖着。

我见了就说："阳阳，你就配合一下阿龙，走快一点儿，拖着走他多累呀。"

阳阳一听，马上甩开手说："你走，先走。"

阿龙一看，以为阳阳生气了，就愣愣地看着。我见了就说："阳阳，你就配合他一下啦,干吗又不牵手了?"阳阳说:"我不喜欢。"

看着阳阳一脸的不高兴,很明显,他就是不配合阿龙了。一直以来,阿龙都很喜欢和阳阳玩。每天他妈妈从幼儿园接回他,就直接送到我们家来了。阳阳不理他了,他也非常难过。

我蹲下来,安慰阿龙说:"哥哥不配合你,那就别牵着走了,你俩各走各的吧。"

阳阳听了,大摇大摆地走在前面。阿龙小心地跟着他,还是不愿离开他。我看着阳阳的行为,觉得他有点儿太自我了,一点儿不顾及阿龙的感受。他这样子,表明他没有合作意识。

虽然才三岁,正是自我意识浓的时候,他这种行径迟早会吃亏的。虽然是苗头,也不能任由它发展。

走到广场上,阳阳想玩双人单车,可他不愿跟阿龙一起骑。我见了就说:"那好吧,你就一个人骑吧。"阳阳骑了上去,没骑多远,他就累得蹬不动了。阳阳跑过来拉着阿龙说:"我俩骑吧?"阿龙正迷着钓鱼的游戏,不想骑车,就不愿走。

这一下,阳阳焦虑了,他只好低声下气地求阿龙。最后,阳阳答应阿龙,先陪他一起钓鱼再玩双人车,阿龙终于同意了。

看到这一幕,我笑了,两个孩子也笑了。

未来的社会中,不会合作就无法获取他人的帮助,无法赢得发展。学会与他人共同生活,成了一种重要的生存技能。共享和合作,是时代的需求。

教子建议

1.巧妙引导,强化孩子的合作意识。合作有许多好处,合作中能共同分享欢乐忧愁。合作的过程是一个相互包容、相互照顾的过程,传递着温暖和关爱。合作中能完成共同的目标。孩子多一些合作的体验,才能喜欢上这种行事方式,更能强化合作意识。

2.给孩子选择的机会,不强制他合作。合作以自愿为前提,才能更愉悦地达成共同目标。一件事需要孩子配合,可多提供几种方案,或请孩子也参与制作方案，给孩子合作的机会。这类合作，孩子更乐意接受。

　　3. 孩子不合作时，要以鼓励为主，忌处罚。某些事孩子不愿合作，表现很差。此时，父母要忌处罚。只有多鼓励，申明合作的优势，鼓励孩子去体验，才是正确的引导方式，这样才能引导孩子慢慢喜欢上合作。

10. 自我中心意识毁了合作

　　一个孩子，不懂得合作分享，只喜欢"独占"，就是个"小霸王"。
　　在家庭和学校里，常常有"小霸王"出现，他们常被小朋友集体排斥。
　　小区里有个小姑娘，小名叫丫蛋，是个刁蛮、霸道的孩子。每次玩游戏，她总要大家配合她。如果有人不依，她轻则牙尖嘴利地讽刺人，重则又哭又闹。一来二去，大家看见她就躲，都不爱和她玩游戏了。
　　刚好，她和阳阳在一个幼儿园上学。
　　阳阳回家常常说一些她的事。每次游戏时间，她总会第一个冲上去抢玩具。有些男孩子都抢不过她。女孩子一起跳皮筋，她总喜欢耍赖皮，输了也说没有。
　　手工课上，老师分配好东西，她总是一个人玩得开心。最后，小组的任务完成不了。老师不能批评她，一批评就哭。这种现象老师也跟她父母反映了，但是没用。
　　出于好奇，我留心观察了丫蛋，发现她自我中心意识非常强烈。丫蛋家境不错，家里还请有保姆。一直以来，她的要求就是圣旨，谁都不敢违抗。这种呵护让她眼中只有自己，就想全世界围着她转，但她也害怕孤独。
　　有一次，一大群男孩子在玩弹珠，丫蛋羡慕地围观着，就是没人理她。我走过去和她聊天："你想玩？"丫蛋点点头说："我喜欢这个，很有意思。"其实她也很渴望友谊。
　　我把阳阳喊了过来，让他教丫蛋。其实这是一种玻璃小球，谁碰上了谁的，谁就赢了那颗球。阳阳简单一讲，丫蛋就明白了。阳阳走后，我就和她玩起了这个游戏。因为我是大人，对她也不错，丫蛋很在乎我的情绪，没有耍小性子。

阳阳见了，也主动过来和丫蛋玩。丫蛋在和我玩时，体味到了合作的乐趣，在和阳阳玩时，也很守规矩。不到一下午，阳阳的开朗大方赢得了丫蛋的好感，他俩很快成了朋友，合作得很愉快。

丫蛋不耍性子后，马上就融入了阳阳的小群体。玩过一段时间后，丫蛋更喜欢和这帮人玩了，她学会了妥协，学会了配合。其实丫蛋很想交朋友，她的这个愿望，直接促成了她的改变。她毕竟还小，稍加引导就能改掉很多坏习惯。

群体活动中最讨厌"自我中心意识"。群体有群体的规则，成员间要相互配合，才能完成共同的目标。学会配合对方，才能逐渐融入集体。

教子建议

1. 鼓励孩子多参与群体活动。群体活动中，大家要服从群体意志，为共同的目标奋斗。群体活动中，时刻需要合作精神，不合作则完不成任务。孩子在这种氛围中相互模仿，容易接受合作意愿，更容易学会配合对方。

2. 在孩子感兴趣的领域谈合作。孩子感兴趣的事，总会希望办好它。为了这件事，孩子更乐意去合作，因为达成目标，才是孩子最想要的。父母可选孩子感兴趣的游戏，让孩子在玩中与人合作。为了玩好，孩子在无形中能慢慢学会配合。

3. 让孩子和喜欢的人合作。孩子是有情感的，面对各种人，他们也会有厌恶、喜欢等不同的情绪。孩子喜欢谁，就愿意多与他交往，愿意和他玩需要合作分享的游戏。这期间，孩子愿意照顾对方的情绪。这种意识，正是合作分享的意识。

11. 追着时间跑的孩子

有一天，我给阳阳读朱自清的《匆匆》。

当我读到"洗手的时候，日子从水盆里过去；吃饭的时候，日子从饭碗里过去；默默时，便从凝然的双眼前过去"时，阳阳说："时间跑啦？"

我看了他一眼，高兴地说："对啦，宝贝，你听懂了。时间比你还调皮，你不抓它，它'哧溜'一下就跑啦。"

阳阳说："那，我要去哪里，把它抓回来呢？"

我说："抓不回来啦，它一旦跑掉，就永远溜掉啦。"

听到这样的结果，阳阳有点儿伤感。但是，我也无能为力，这就是事实。时间这东西，哪怕是妈妈，也抓不回来啊。

有太多的人想抓住时间，可终是妄想。那些帝王，他们千辛万苦地找长生药，不正是想抓住时间？他们抓住了权力、地位、美人和金钱，可惜啊，抓不住时间。

阳阳说："妈妈，你不对，我能抓住它。"

我问："怎么抓？"

阳阳说："我昨天多玩了一会儿，今天，我就少玩一会儿。这样，时间不就回来了？"

我笑笑说："宝贝，这叫节约时间。你节约的，是没有逃掉的，是你还拥有的，它都不曾失去，何来找回呢？"

阳阳想了想说："是哦。"

那一年，他四岁，我和他谈时间，似乎有点儿深奥了。但是，我必须早让他知道，世上有一样东西，叫时间，一旦失去就永远失去了。

阳阳虽小，也明白了，时间是个调皮蛋，老喜欢开溜，要追着它跑。

讲过时间后，看到阳阳动作慢，我会说："宝贝，动作快一点儿哦，时间要跑啦。"听我这样说，他就加快了速度。

我常鼓励他："阳阳，做个追时间的孩子吧？"

阳阳问："妈妈，这样有什么好呢？"

我说："宝贝，你能追着时间跑，就能做更多的事。慢慢地，大家都被甩到后面啦，你就是最棒的啦。"

有几次放学后，阳阳拔腿就跑，我在后面喊："阳阳，小心看路，别摔着。"他边跑边说："妈妈，我要赶快写作业，然后去玩，然后再看书。"我跟着说："知道啦，你看好路，跑吧！"

看着阳阳珍惜时间，我很高兴。毕竟，一个想追着时间跑的孩子，离成功更近。

孩子时间观念强，就会珍惜时间，也是在延长生命。上帝是公平的，他给每个人的时间都一样。他给你的一小时，不会多别人一秒，大家都一样，都是六十分钟。

教子建议

1. 帮孩子树立分秒必争的时间观。应早日让孩子明白，时间是一去不返的。父母可选用儿歌、故事等方式，让孩子明白时间的重要性。父母也应以身作则，向孩子展示时间的重要性，珍惜时间。

2. 今日事，今日毕。妈妈要常提醒孩子，凡事应趁早，早起的鸟儿有食吃。孩子安排好的事，就应该按计划来完成。孩子改变的时间，必然会安排更大段的时间。

3. 生活中，要制止孩子的拖拉懒散。一旦发现孩子有懒散的毛病，应早日更正，以免养成时间观念差的坏习惯。拖拉懒散是时间的杀手，再多的时间，也能被消磨掉。这种不良的生活习惯，一旦露出苗头，就应及早制止。

12. 让孩子学会保护自己

自我保护能力，是一个人保存个体生命的最基本能力。现实生活中，孩子的身边存在各种隐患，令人担忧。

阳阳在两三岁时，非常调皮、好动，自己又不太注意，所以常常受伤。有一次，我带他到广场玩，他趁我不注意，自己跑去滑台阶，摔伤了腿。

回到家，爸爸见儿子受伤了，有些生气地说："以后少带他到户外玩，一出去就受伤，还不如在家里玩呢。"阳阳就是在家玩，也不省心。他喜欢碰开水，喜欢研究电插座，还动不动自己乱开电器。

有一次，他在沙发上乱跳，脚一滑摔在了地板上，头上撞了一个大包。

总之，我们防不胜防啊。阳阳好动，好奇心也强，还喜欢冒险，总不能处处压抑他的天性吧？思前想后，我决定加强阳阳的自我保护意识。

我去图书市场，买了一些图书，一回家就读给阳阳听。水、电、火、煤气、过马路、上下楼梯、吃东西……书上都讲了，如何去自我保护。阳阳一边听一边笑，听完了还要求我和他示范一下。

我告诉他，想玩水，妈妈带他去游泳。想知道电是什么，我们用试电笔看一看哪里有电。家里是不准玩火的。煤气如何开关，我也简单地给他演示了一遍。没事的时候，我们就唱"红灯停，绿灯行"等自我防范类的儿歌。

这些活动，我都是利用时机，见阳阳有兴趣了，就演示给他看，唱给他听。看得多了，听得多了，阳阳把这些安全小常识全记住了。

有一次，他和阿龙去广场玩，阳阳还像模像样地教阿龙，走马路靠右行，过马路要走人行横道。我在后面听了，觉得自己的努力没有白费。

阳阳一天天长大，我随时想到什么，就教给他一点儿。例如有人敲门，我就教他，先问人是谁，从猫眼里看一看，如果是陌生人，父母不在家，就不要开门。阳阳问为什么，我就给他讲了几个骗小孩的案例。听完后，阳阳神色凝重，每次有人敲门他都问"你是谁"？

幼儿期，孩子的生理、心理都未发展完善，自我保护能力差，容易出现事故。这一时期躲避危险最好的办法，就是教会孩子自己保护自己。

▼ 教子建议

1. 早日教会孩子自我保护的常识。孩子两三岁就应教他，哪些事不能做，有什么危险。这一阶段孩子不太懂事，好奇心重，越不让他做的事他偏要做。因此不能强制性地教育，要引导他，让他主动去探索，明白如何正确行事。

2. 随时随机教育，让孩子明白危险因素。生活中发现危险因素，就随时教育孩子。例如吃果冻不能一口吞食，吃花生米不能大笑等，可随机教育孩子。这样，孩子会印象更深刻，还能当场实践，规范言行。要是他们表现得好，父母要及时表扬。

3. 不压抑孩子的好奇心，教给孩子正确的探索方法。孩子的好奇心是探索新知识的动力，不能压抑。无论是拆东西，还是摸、爬、滚、打，都允许他去探索，满足他的好奇心。父母的任务是告诉他正确的摸、爬、滚、打方法。

13. 自由独立的孩子，会保护自己

孩子被保护得越好，越容易被伤害。

美国的孩子从小注重独立性的培养；日本的儿童，从小教育他意志坚强，要顽强奋斗；中国的儿童，听到父母说得最多的话，就是"小心，别伤着了"。

孩子一爬高，父母赶紧跟上去，用一双手在背后小心地护着，以防万一。若孩子一扭头看见了这双手，就更调皮了，一心想冒险。孩子一激动，父母便马上一把抓住他抱他下来。哪怕孩子一脸的无奈，死命地挣扎，还是要抱下来，不准再冒险了。

是啊，孩子身体被伤害是父母最无法原谅自己的。哪怕是一小块磕青，父母也无法原谅自己，这是自己没保护好孩子的"罪证"。

这种状态下，孩子只能越来越娇弱，没有危险意识，更谈不上保护自己。

小孩子爬高，摔了一跤后，他会长记性，高处是危险的，一定要注意。孩子跑得太快，摔一跤后，他会知道，要学会保持身体平衡，把步子迈稳健。

那些身手敏捷、善于躲避危险的孩子，不是没摔过跤，没身临过险境。相反，他们常常摔跤，也时常身处险境，他们是经历过，因此善于躲避罢了。父母多讲防范措施，鼓励孩子去实践，等孩子弄清楚状况了，就能自觉规避风险了。

孩子多一些自由，才有更多机会认识世界，知道哪些地方有危险。早一天明白危险所在，早一天学会自觉规避，早一天远离危险。孩子能独立，事事不依赖人，自己想办法，积极开动脑筋，才善于在危机中找

到出路。

别过度保护孩子，任他自由随意地摸、爬、滚、打，慢慢地，他就学会保护自己了。毕竟人的本能是逃避伤害的，无论是身体，还是心灵。

爱子之心，是无可厚非的。真正的爱不是捆绑，而是给孩子自由，让孩子独立。孩子早日吃点苦，磨炼出各种生活技能，懂得保护自己，才能早日远离危险。

❤ 教子建议

> 1. 别怕孩子摔着、磕着，让孩子多动动。一个手脚迟钝的孩子，更容易出事。平时要鼓励孩子多动，允许孩子玩一些惊险刺激的游戏。孩子在激烈的碰撞追赶中，才能学会躲避伤害。
>
> 2. 让孩子自己的事自己做，不代劳。自己的事，自己做，是让孩子摆脱依赖心理，早日学会自立的好方法。任何难题，孩子都积极思考，凭自己的力量去解决。孩子如此行事，才能迅速提升能力，规避各类风险。
>
> 3. 不鼓励孩子蛮干，要将危险明示给孩子。放手给孩子自由，并不是鼓励他蛮干。任何时候都不提倡蛮干，这是危险的行径。孩子处于险境时，父母要引导他，看清哪些是最危险的。父母要指出"雷区"，让孩子清醒现实境况，不蛮干，不硬闯"雷区"。

⬢ 14. 小绅士更讨人喜欢

社交场合，个人形象影响着人的气场。一个受人欢迎的人，能获得更多的成功。一个注重个人形象的人，会在意礼仪、穿着、谈吐。这是一门学问，必须从小学起。

阳阳一两岁时见到熟人，我教他说"您好"；客人离开时，我教他摆手说"再见"；别人给他东西要说"谢谢"。虽然很简单，但阳阳都学会了。

只要下楼去玩，我总会提醒他，换好衣服再下去。穿着睡衣、拖鞋，是不准乱跑的。慢慢地，阳阳会整理好自己再出门。阳阳注意形象，也给邻居、老师、朋友，留下了好印象。

只要有机会，我就带阳阳去一些社交场合。例如，同事结婚了，公司团体旅游了，有大型专题报告会了。他像个小绅士，从不给我添乱，表现得很得体。

阳阳四岁时识字多了，我给他买了一些儿童书。只要有时间，我就给他讲讲故事，他也给我讲一讲。最后，我让他多讲，听听他的语言表达能力。

有时候，阳阳说得幽默又风趣，我被逗得哈哈大笑。阳阳见我喜欢，更调皮了，常常这样幽默地说话。他这样，我也顺着他，常和他斗嘴玩。

阳阳是活跃的，就像一团红色的火焰，在人群中跳动着。我知道，这就是他的气场。一个乐观、开朗、幽默的人，总是活泼跳跃的，也更容易讨人喜欢。

阳阳的热情很容易感染人。一群孩子中，他常常因主意多、笑话多，被拥护为孩子王。

有一次，我问阳阳："大家喜欢你吗？"

阳阳点头说喜欢，虽然也和别人闹矛盾，只要他错了，他总是先道歉的那一个。我点点头说，这叫作礼貌。你尊重人，所以才更讨人喜欢，这一点一定不要忘了。

孩子的个人形象，由很多因素构成。它是孩子个人魅力的显露，是会影响他人情绪的。一个活跃、有礼貌的孩子，总是更讨人喜欢。

教子建议

1. 让孩子有一个整洁的仪容。个人形象中，仪容仪表很重要。如何穿衣，如何打扮自己，如何在各种场合着装，这些常识，都要从小教导孩子。出门前，要打理好自己，保持衣物、身体的干净，勤洗头、剪指甲等。养成这些习惯，能为个人形象加分。

2. 从小学会礼貌用语。礼貌是从小学的，如何与人打招呼，如何待人接物。一个懂礼貌的孩子，在人际交往中会更容易获得青睐。

3.不断学习，努力充实自己。良好的个人魅力，需要内涵做支撑。孩子需要不断学习，充实自己。一个身怀各种技能的孩子，在人际交往中只要展示长处，就能获得许多欣赏关注的目光。

六、人格修行：乐观、自信的妈妈才能
　　　　　　培养出乐观、自信的孩子

1. 帮孩子展开梦想的翅膀

　　"不展开翅膀,你永远不知道,你究竟能飞多远",梦想正是那双翅膀。
　　每一个孩子，天生都是有梦的，他们缺的只是启发和鼓励。如果不帮他打开想象的翅膀，梦就无法早早地起飞。
　　早立志，关乎孩子一生的命运，是引领孩子前进的原动力。
　　阳阳还小的时候，有一天，他对我说，他想环游世界。我听后，知道这是一个很宏伟、很远大、很理想主义色彩的梦。这个梦，还真有点儿遥不可及。
　　我小心地问："为什么呢，这个梦想真好啊。"
　　阳阳说，今天上课，老师讲了世界上有好多国家，有很多稀奇的事物。听他这样说，我知道是老师的讲解，点燃了他心中的梦想。
　　听到这里，我抱着他说："儿子，你真厉害，一定要牢记你的梦想。"
　　后来，我去书城，给阳阳买了讲世界风情的画册，让他先一睹为快。巴黎的卢浮宫、威尼斯的水城、美国的尼亚加拉大瀑布……这些美景映入眼帘时，阳阳也被迷住了。他一直说着："真美，真美啊。"我则鼓励他说，如果实地观看，会更加震撼。
　　那一段时间，阳阳学口语更有热情了。一回家，他就用英语与我对话，一些基本的日常活动，他都尽量用英语来表达。我告诉阳阳要想去环游

世界，英语要学好。阳阳一想到这个梦想，就非常乐意学口语了。

有一天，阳阳问我，什么人能轻松在世界各地旅游，还能工作？我想了想说，画家、摄影师，不过得非常有名气。

也许正是这个触动，阳阳开始学画了，而且兴趣越来越浓。他的心里一定梦想着，有一天能到世界各地取景，在美景中作画。这样的人生，无疑是一个巨大的诱惑。

梦想是什么？它不是目标，它是一个理想色彩浓厚的梦。梦想一旦萌芽，就甩也甩不掉了。梦想更是一种激励，追梦中的人不会轻易言弃，不怕挫折。哪怕最终无法实现，它也激励着孩子，成就了一个积极超越的人生。

◆ 教子建议

1. 再遥远的梦，也要帮孩子去呵护。对于有梦的孩子，他吐露了梦想，父母就要帮他守护。孩子的梦，很少是既理性又实际的，多是一些遥不可及的狂热想法。这种激情和冲动，就像一粒种子，给它浇水、施肥、晒阳光，它也会变成参天大树。

2. 引导孩子，把梦想化成一个个目标。梦是一个起点，如果走到终点，需要一个个具体可操作的小目标。只有梦想还不行，必须有目标，一步步靠近，才能最终实现梦想。孩子有了梦想，目标可由父母帮忙设定，用梦想激励他，鼓励他去实现目标。

3. 多聆听孩子的心语，帮他找到梦想所在。由于各种疏忽，孩子的梦想弄"丢"了。此时，父母要多聆听孩子的心语，找寻他的兴趣点，帮孩子描绘出一个美丽的梦。孩子有兴趣了、有激情了，愿意将这些兴趣点作为志向，就会重新找回梦想。

◆ 2. 目标是走向梦想的阶梯

每个孩子都有一个梦想，但最终只有少数人实现了梦想。达不到梦想，是因为阶梯出了问题。

父母一直想做孩子的铺路人，那就做帮他制定目标的人吧。首先，梦想需孩子自己来选，父母不能代劳；其次，父母要一路陪伴，帮孩子定夺、设定一个个具体的目标。

自从阳阳说他想环游世界后，我就一直记在了心里，时不时地我会提醒一下阳阳，说这是他的梦想。

每年，我也会征询他，选一个国内景点，陪他一同旅游。一路上，阳阳学会了照顾自己，学会了基本的旅游常识。

我告诉阳阳，要想旅游，有很多东西得学会。例如，如何看地图，如何问路，如何找旅店等细节，他得一样一样学会。这些都不难，多经历几次，他就很熟练了。

最重要的，阳阳得充实能力，多学一些东西。首先，他的知识储备够他在世界范围内行走；其次，他有能谋生的东西，让他有资本环游世界。阳阳还小，他想先当一个画家，再实现自己的梦想。

这样，阳阳开始了学画之旅。每个星期，他固定去上培训班，一有机会，我就带他看各类画展。每次有绘画艺术类的大型讲座，我就鼓励阳阳去听。阳阳接触这些东西后，全方面巩固了他学画的热情。

具体到学习上，每一天的练习，每一种绘画手法的学习，阳阳都按部就班的，一点一点进步。阳阳的好作品，我都帮他收藏了，我说，这是他学画的足迹。

一直以来，阳阳在家和我学口语。苏宁为了配合阳阳，也常常用英语和我对话。我们想为阳阳营造一个学习氛围，让他打好这个基础。课外阅读上，我也给他推荐一些简单的英文杂志。阳阳看得多、听得多了，外语成绩在班上一直名列前茅。

阳阳八岁那年，我带着他去新西兰旅游，见了那里的牧场。这是阳阳第一次出国，看到童话般的牧场时，阳阳更加坚定了自己的梦想。一路上，我和他全用英语交流，还结识了几个新西兰朋友。

目标和梦想，向来你中有我，我中有你。目标是审时度势的纲领，可随时调整，必要时可知难而退。梦想只有一个，不能随意更改，它蕴含的能量，可引领一个人终生去追求。梦想与目标相结合，才能成就完美人生。

● **教子建议**

　　1. 利用梦想，激励孩子学技能。梦想是一个能量源，父母善于利用，能加速孩子掌握各种技能。父母帮孩子分析梦想，指出哪些技能是通往梦想的路，然后鼓励孩子努力学习，不怕挫折地奋勇前进。

　　2. 不能削减孩子的兴趣，不能强制性学习。在梦想和目标之间，有一点要注意，即不能强制孩子学习。任何事情只要是被动从事，效率就会大减。父母一定要保护孩子的兴趣，让梦想激发兴趣，促使孩子主动学习。

　　3. 让孩子尝到梦想一步步实现的甜头，坚定理想。一路走下来，如果梦想越来越遥远，孩子也会感到灰心。所以，只要有机会可适当满足孩子的愿望。让孩子在学习中，体会到梦想一步步实现的甜头。例如，他人的肯定，就能让孩子感到满足。

● 3. 自信心是进取的支柱

　　自信是能力的催化剂，它调动了潜能，将身体各部分的功能调整到最佳状态。自信，是一个孩子进取的不竭动力。

　　阳阳开始学画后，我一直注意培养他的自信心。

　　阳阳有一个习惯，他有了得意之作，总会拿给我欣赏。为了品鉴他的作品，我专门阅读了相关的绘画欣赏类的书籍。这一条路，我得陪着他走，做支持和持续关注他的人。

　　拿着作品，我会仔细地看，指出他的出色点。我指得恰当，阳阳也觉得有知音，喜欢与我交流。我发现只要是我肯定的优点，阳阳都保留了下来。

　　他专注于长处，努力练习，渐渐地被老师、同学认可了。能得到老师的夸奖，阳阳心里很满足。毕竟老师的夸奖，让阳阳更有真实的成就感。

　　阳阳在学画中，慢慢找到了自信。

他的好作品，我都帮他装裱了，挂在了墙上。家里来客人了，大家也会惊异，这么小的孩子画得已经这么好了。大家的赞赏之情，阳阳都尽收心底了。

这种氛围中，阳阳学画的热情，一直非常高涨。

我发现，阳阳特别爱面子，不喜欢我当众说他的丑事。最初，我没有意识到这一点。有些事他做得很逗人，我就当笑话讲了。邻居听后，也常拿它来打趣阳阳。

有一天，阳阳哭着说："妈妈，你再讲我的丑事，我就和你绝交，大家都笑我。"我赶紧解释说，那不是嘲笑，只是出于好玩才笑他的。阳阳却觉得，这些笑话让他抬不起头来，有点儿自卑。我听后，也开始思考他的说法。

我仔细一想，孩子在成人面前，本来就会感到自己弱小无力。很多事情，成人能完美地完成，他们却不能，这会影响他们的自信。想到这里，我发现自己错了。我无形中伤害了阳阳的自信心。难怪阳阳最近闷闷不乐的，连学画都懒懒的，没有多少兴致了呢。

一个有自信心的孩子，才会激情洋溢地做事，才会积极进取。生活中，要时刻维护孩子的自信心，不能打击它。唯有这样，才能让孩子在自信中创造超越的人生。

◆ **教子建议**

1. 多鼓励、赏识孩子的长处，培养他的自信心。一个人的自信心，是从优势被认可、被赏识中慢慢培养出来的。每个孩子，都有自己的长处，父母要关注他的长处，让孩子多展示优势。孩子在众人的认可中，能获取成就感，变得更加自信。

2. 不当众损孩子，维护孩子的面子。每个孩子，都有缺点或劣势。这些东西，孩子不希望被人当众嘲笑。一旦被嘲笑，孩子会觉得被侮辱了，会产生自卑。公众场合父母要帮孩子维护面子。

3. 借他人的夸奖，帮孩子树立自信。他人的夸奖在树立孩子自信方面，有神奇的效果。他人没有夸孩子的义务，夸奖多出于真心。这

> 类夸奖孩子会更在意，更受到激励。父母可提供舞台，帮孩子展示优势，博得他人的夸奖，增长孩子的自信心。

4. 自信的孩子能认识自我

自信，即相信自己，是孩子认同自我的表现。

孩子慢慢长大了，对他人由依赖到独立。这一过程，也是一个寻找、发现自我的过程。孩子早一天找到自我，就早一天拥有自信。

幼儿期，是培养孩子自信心的重要时期。三岁看老，孩子从小就要知道，我是谁，我能干什么，我有什么优点。这些认识，会伴随孩子的一生，例如梦想。

有一天，我问阳阳："你知道你是谁吗？"

阳阳说："我是阳阳啊！"

我说："阳阳是谁，他会干什么？"

阳阳想了想说："我是你的儿子，是阿龙的朋友，是王老师的学生……"他一口气说出了好多。的确，这些都是他的身份，都是阳阳。

我又问："那你会干什么？"

阳阳想了想，马上说，他会干的很多。他会画画，他口语好，他还会收拾房间，大家都喜欢和他玩。听阳阳说，我知道，阳阳很清楚自己是谁，能干什么。这些东西都是支撑阳阳自信的东西。正因为阳阳有这些身份，有这些能力，他才活得更有自信。

一个孩子，要想具备自信心，必须认清楚他是谁，他有哪些优势，他有哪些缺点。了解得清楚，才能不迷失自己，才能扬长避短，时刻保持自信。

我是阳阳的妈妈，我有责任时刻提醒他，让他知道自己是谁，他应该为自己而活。一个孩子，只有追求内心真实的自我，例如梦想，才能发挥出他的潜能。那些优秀成功的人，都是清楚地知道自己是谁，自己的优势是什么，努力发挥优势的人。

有一次，学校举办绘画大赛，阳阳也参赛了。他很用心，可最终没获得第一名。回家时阳阳特别沮丧，心情非常不好。我知道，他不相信自己了，他没有自信了。

晚上，我带阳阳走进他的画室，我指着画说："你看，这是你三岁的作品，还记得吗？你看，这个小奖杯，是你参加少儿杯比赛获得的，还有印象吗……"往事一件件，全部浮现在了阳阳眼前。这里的一切，都记录着阳阳曾经的辉煌。

阳阳一个人在画室里待了一个小时。出来时，他完全变了，没有了悲伤的神情，很平静。我知道，回忆过去，看着曾经的荣誉，阳阳又找回了迷失的自己，找回了自信。

自信是一个人对自我的认识，认识得越清楚，越能发挥自身的优势。一个自卑的人，是丧失了自我的人。一旦孩子迷失了，不知道自己是谁了，没有自信了，一定要帮他找回自我。

教子建议

1. 尊重孩子，为孩子营造民主的家风。孩子被尊重，生活在民主的家庭中往往会活泼自信。孩子常被训斥，父母冷漠粗暴，往往自卑自弃。要培养一个自信的孩子，就要平等、尊重地对待孩子，给他营造民主的家风。

2. 少责备，多赞扬孩子。孩子的自信，多半是赏识出来的。孩子的自卑，多半是训斥出来的。多夸夸孩子，让孩子感受到成就感，能增强自信心。不横向比较孩子，不当众责罚孩子，有利于培养孩子的自信心。

3. 培养孩子的优越感，让他清楚自己的长处。孩子要有一种优越感，要清楚地知道，自己有哪些过人之处。父母可提供舞台，多夸夸孩子，让孩子展示长处，获得自信。时刻提醒孩子，他是谁，他有哪些优势，让孩子清楚地认识自我。

5. 自尊心是孩子品德的基础

自尊是心理成熟的标志。一个有自尊心的孩子，表示他对自己的身体、能力感到满意。为了维护这种自尊，孩子会力求上进，获得更多人的认可。

孩子的自尊心非常脆弱，身体、能力一旦被攻击，就很容易被伤害。

孩子的弱小、能力的不足，常让他们成为成人攻击的对象。孩子因为羞愤，或奋起直追，努力增强能力，或自暴自弃、一蹶不振。一个长期被攻击的孩子，会丧失羞耻心，破罐子破摔。

有一次，阳阳在外面玩了一身的泥，一进门我就闻到一股臭味。我随口说了句："怎么这么臭啊，像猪一样，快去洗澡。"我本是半开玩笑，没想到，阳阳的脸色马上变了。他没说话，默默地走进了卫生间，开始洗澡。

阳阳的沉默令我意识到，我伤害了他的自尊。

从此，我再没用侮辱的言辞说过他一次。我知道，哪怕是妈妈也无权随意侮辱孩子。那一天，阳阳洗完澡后，我主动向他道了歉。

平时，我和苏宁对阳阳都非常礼貌。我不喜欢命令阳阳，苏宁也是。我俩都希望不要让阳阳感受到父母和他是不同级别的。阳阳给我们帮忙，我们会尊重地说"谢谢"。阳阳在我们的熏陶下，也常对我们说"谢谢"。

阳阳被尊重了，才会更有尊严感，进而形成自尊心。一个自尊心强烈的孩子，会为了获取他人的认可，努力追求最完美的自己。

正是这股尊严感，让阳阳用心学画，用心学习。阳阳尊重他人，对人有礼貌，因为他不想被人轻视，被人说不懂礼貌。他人的赞许、羡慕、赏识，都让阳阳觉得，自己活得很有尊严。这种尊严感进一步激励着阳阳，让阳阳不去沾染恶习，不愿被人瞧不起。

孩子的尊严感，是一个孩子上进的动力。有尊严的孩子，才能认可自己，才能积极上进地生活。自尊心很脆弱，容易受伤，所以更需要父母的小心呵护。

◆ **教子建议**

> 1. 不要捉弄、嘲笑孩子的缺点、缺陷。孩子因为小，常常成为嘲笑、捉弄的对象。父母在哈哈大笑时，孩子则处于尴尬的境地。他们会觉得，因为小、无能力才会被嘲笑。这样的情景常常会刺伤孩子的自尊心，让孩子感到自卑。
>
> 2. 平等、礼貌地对待孩子，不摆架子。父母摆架子，凡事要孩子听命于自己。这种亲子关系，也极易伤害孩子的自尊心。父母每使用一次权威让孩子屈服，孩子就多受一次屈辱。长期如此，孩子会觉得在父母面前毫无尊严，因此会自暴自弃。
>
> 3. 伤害到孩子的自尊后，要主动承认错误。生活中，父母难免会伤害到孩子的自尊。错误已经酿成，出口的话收不回。但是，父母还可以去认错，为自己的伤害道歉。只要父母愿意，一定能将伤害降到最低，重树孩子的自尊心。

6. 呵护孩子的尊严感

不论父母相不相信，哪怕两三岁的孩子，也是特别要面子的。

孩子还不会说话时，就已经有了尊严感。一岁左右的孩子，你说他"不乖""羞"的时候，他会愤怒。这种情感正是尊严意识的萌芽。一个孩子不希望自己在别人眼中不好，希望自己是好的。

两岁左右，这种感觉会更强烈。通常父母对人说孩子的坏话，孩子听见了，哪怕还不会说话，也会气鼓鼓地哭闹。

再大一点儿，孩子三四岁时，受到了不公正待遇，被父母训斥了，伤了尊严时，孩子会顶嘴，会气得脸红。孩子的反抗是想表明，他是一个独立的人，他需要被尊重。孩子向大人呐喊，是想活得更有尊严感。

阳阳三岁多，还是会偶尔尿床。起初，我喜欢和邻居说笑他，刚开始我没发现有异样，我说笑完了，就不记得这事了。可是有一天，我发现阳阳一个人躲在卧室里哭。他是那种不出声的哭，我见状吓了一大跳。

平时他是大声哭喊的,他怎么了?

我小心地问他,这是怎么了。阳阳望着我,小声地说:"我又尿床了,羞。"我马上解释说:"你还小,这种事谁都有的。"他却说:"我不想出门了,大家都会笑我的。"我保证说:"不会的。"但他就是不相信,一直躲在卧室里,一直在哭,因为他已经被人笑话了。

看到阳阳这么伤心,我第一次意识到,阳阳这孩子,自尊心非常强。第一次,我意识到我没做个好妈妈,我伤害了阳阳的自尊。

从那以后,阳阳尿床后我也没宣扬过了。我还告诉他,要是尿床了,就自己到妈妈这里来,和我一起睡。第二天,我会帮他换好干净的用品,把脏的洗干净。整个过程,我没有抱怨过一句,也没有嫌弃过阳阳。

经历过几次后,阳阳终于对尿床没有了愧疚。他尿床了,就自己跑到我怀里睡。

孩子出糗了、犯错了、自尊受伤了,最需要得到父母的安慰。孩子的面子,需要父母来帮忙维护。自尊心是孩子心灵的保护层,一旦被剥除,孩子会像剥了皮的树一样枯萎。

❤ 教子建议

1. 孩子出糗了,要尽量帮孩子遮挡。孩子常常有出糗的事,这种事,父母可尽量帮他遮掩。如果是公共场合,父母更应该出手相救,这是在保护孩子的心灵。孩子的自尊心是非常脆弱的,任何人的伤害,都会损伤孩子的自信心。

2. 孩子自尊受伤后,父母要做安慰者。孩子自尊受伤、自信受挫时,父母要鼓励他,让他重新认识自己,找回自己的信心。受伤的孩子,需要父母做安全的港湾。孩子休养好后,才能再启风帆,迎风远航。

3. 孩子有面子,才能更有自信。任何时候,父母都要呵护孩子的面子。一个自信的孩子,必是有尊严感的。一个尊严感缺失的孩子,会越来越不自信,自暴自弃。孩子的面子,关乎着孩子的自信心。

7. 给孩子营造乐观的生活氛围

孩子在会说话前,他能从周围的氛围中感知到,这个世界是安全、快乐的,还是忧虑、愤怒的地方。

家庭氛围是孩子个性发育的厚土。一个活泼快乐、乐观向上的精灵,多是成长于一个温暖、民主、充满爱的家庭之中。

阳阳出生后,我们的欢声笑语更多了。阳阳做的许多事,都让我和苏宁忍俊不禁。我们常常疼爱地说:"你这个小调皮,又想干坏事啦?"他见状,则会一路欢笑地到处闪躲,引着我们去追赶他。小家伙满屋乱窜,像条狡猾又生命力旺盛的鱼,在逗引着我们去追赶他。

我知道,一个幸福的、有欢笑的家庭,才能将阳光洒满阳阳的心田。

两岁时,阳阳感到了孤独。每次见到同龄孩子,他都满怀期望地盯着别人看,我发现阳阳想交朋友了。小区里每家每户几乎都有孩子。只是大家平时不太联络。我留了心,见到小孩就主动去聊天,和他们的父母谈话。

慢慢地,我知道三楼的阿龙和阳阳差不多大。五楼有个叫丫蛋的,很漂亮的小姑娘。还有其他单元的同龄小朋友,也认识了好几个。每天我带阳阳出去玩,就会约上他们一起出去。孩子见了孩子分外亲切,马上就打成了一片。

很快,我们这些带孩子的大人,都被扔到了一边。

我发现,阳阳和同龄人在一起,说话更大声了。很明显,和小孩子玩,阳阳的欢笑声,明显多于我陪他玩。孩子间也会闹矛盾,我从不轻易干涉,阳阳哭着来找我,我也鼓励他自己解决。慢慢地,阳阳的人际交往能力明显提高了。

有时候,不用我帮忙,阳阳在广场或公园里,也能很快找到玩伴,和孩子们玩成一片。

这是一个追求快乐的环境,阳阳在健康愉快地成长。他规律地吃饭、睡觉,不随意吵闹。他主动跟我学口语、画画、数数,每学会一样新东西,他都非常有成就感。

孩子在年幼时无法深刻领悟乐观是什么,有何重要的意义。但是父母为孩子营造一个乐观的生活氛围,时刻熏陶孩子,就是在为他打下乐观生活的根基。

教子建议

1. 家庭成员间相互关心,不冷漠,不争吵打骂。家庭成员间要相互照顾,嘘寒问暖。亲情是最温暖人心的,孩子在幼年时期,享受到温暖的亲情,终生会有一种幸福的感觉。家庭中忌冷漠、争吵,这种氛围容易让孩子悲观,变得自私狭隘。

2. 父母不摆架子,多用亲切幽默的语言交流。语言是传达心声的工具,一种亲切幽默的语言习惯,是乐观积极的流露。孩子长期受熏陶,也能习得乐观的精髓,学会乐观地看问题。言由心生,它展示了人的处世方法及态度。

3. 鼓励孩子多交朋友,培养孩子的人际交往能力。研究显示,乐观积极的人,多是人际交往能力强的人。孩子乐于交友,善于与人相处,才能得到更多帮助。孩子的坏情绪有朋友分忧,便不会轻易沉溺,陷于悲观之中。

8. 乐观创造了生活的奇迹

同一个困境,乐观的人看到的是"柳暗花明又一村",悲观的人看到的是绝境。

孩子在成长中,最无法避免的就是挫折和失败。人在困境中,如何起死回生,如何继续活下去,少不了乐观精神。一个乐观阳光的人,能迅速走出人生泥泞。

阳阳进入学校后,竞争不可避免,时常会惨败而归。

有时候,他是踢输了一场球赛;有时候,他是在演讲竞赛中落选了。类似的事,是阳阳生活中的大事,他容易被影响,情绪会低落。

每当这个时候,我会主动找阳阳谈心。我们不谈失败,只谈事情的具体情况,他在这一过程中是怎么做的?我们分析情况,找出失败的原因。其实每一次交流分析,阳阳都能马上意识到,自己是哪儿薄弱了。

如果阳阳不排斥,我们会共同制订一个方案去练习,克服薄弱项。阳阳喜欢足球,为了磨炼球技,苏宁常在周末陪他练球。有时候,苏宁公司打比赛,他会带上阳阳去观看。

阳阳在我们的带动下,渐渐不介意踢球的输赢了。每一次只要输球了,他会自己分析问题,然后加紧练习。时常,他还和队友们一起讨论问题,一起训练。阳阳不气馁,专心训练,他的球技不断得到提升。不到半年,阳阳就成了班足球队的队长,这一点连阳阳都没有想到。

有一年夏天,阳阳不小心感冒了,可是第二天,他有一场重要的演讲比赛。一想到生病了,阳阳就很焦虑,他一直很担心。我告诉他,演讲是他所擅长的,他一直很出色。阳阳也在努力调整状态,他不想轻言失败。

晚上,阳阳吃完药,就早早地睡下了。

第二天一早,阳阳起床了,精神好多了,他面带笑容地出门了。我见状,知道他已经调整好了心态。

后来听老师说,阳阳因为发烧,上台后一直冒虚汗。但是,他一直面带微笑,将整场演讲出色地完成了。下台后,掌声雷动,阳阳的衣服都湿透了。阳阳没有悲观,没有后退,他相信自己,他微笑以待,他战胜了病痛,也战胜了自己。

乐观的情绪能提高人的大脑及神经系统的活力。乐观,有助于人发挥整体机能的潜能;乐观,有益于健康,还能提升做事效率。总之,乐观创造了生活的奇迹。

教子建议

1. 在困难面前,孩子要微笑面对。越是在困难面前,越是要微笑。微笑是一种态度,代表自己不害怕,愿意去直面困难,愿意去积极解决。困难中孩子能笑出声来,一能缓解紧张的情绪,二能坚定直面困难的信心。

2. 教孩子排除不良情绪。一个乐观的人,并不是没有困难、挫折。

相反，他们遇到的可能会更多。他们只是不沉溺于失败，会迅速排解不良情绪，恢复心理平静。情绪转移法、倾诉法、运动发泄法等，都能排解不良情绪，让孩子理智行事。

3.不气馁，在失败中找寻经验。乐观的人，不轻言放弃。每一次失败，乐观的人都会寻找积极因素。在失败中，乐观的人找回了经验。他们不气馁，再次出征，直到成功。父母要鼓励孩子，任何时候都别气馁，都要积极应对。

9. 同情心是孩子的善之根

同情心是人类的一种美好情感。一般情况下，培植同情心的关键年龄是0~3岁。

起初，我以为，等阳阳长大了我再培养他的同情心，没想到我差点儿犯了错。我在阅读书籍时，看到了文首的那句话。

认识这一点时，阳阳还小，刚刚会走路。

有一次，我带阳阳去广场玩。他见到许多孩子，高兴地走来走去。有一个小朋友和阳阳差不多大。阳阳见了他，走过去要牵他的手。小朋友不同意，赶紧走开了，可是没走两步，一个趔趄，摔了一跤。他"哇哇"地哭了，阳阳见了也跟着哭起来。

我很纳闷，他又没摔倒，也没推小朋友，他哭什么呀？

我问阳阳，没想到，阳阳手指小朋友说："他疼。"

原来，他是看见小朋友摔跤，想到了自己摔跤的情景，起了同情心。

我也是第一次意识到，一岁多的孩子，也有同情心。

后来，印象最深刻的是一次杀鱼的情景。当时，阳阳两岁多了。一回家，他就跑来迎接我。我提着袋子说："看，是鲫鱼，妈妈给你炖汤喝。"阳阳爱喝汤，什么汤都爱喝，可能是喝牛奶习惯了，把汤也当奶来喝了。

阳阳一路跟随，我在厨房里要杀鱼。鱼还活着，一下子就蹦到地上。阳阳见了，马上说："妈妈，摔了，摔了。"我赶紧拿起刀，狠狠地向鱼头拍去。鲫鱼被拍晕时，阳阳也"哇"的一声哭了，他哭喊着："爸爸，妈妈砍鱼呀。"

我平时杀鱼,这种血腥场面没让他看过,当时情急,没顾及那么多。

我赶出来,安慰阳阳说:"宝宝,对不起啊,妈妈以后会小心点儿的,不让鱼这么疼。"可是不管我怎么说,阳阳还是一直哭。后来,苏宁带他去看动画片,他才渐渐忘记了这事。

我知道,等阳阳慢慢长大后,一定能接受"杀生"这类事。但是他如今还太小,我不想否定他的情感,他的这种感觉正是宝贵的同情心。

一个有同情心的孩子,心是温暖的,他会关心人,愿意与人亲近。同情心还衍生出爱心、怜悯心、仁爱、宽容等美德。孩子同情心的萌芽一定要细心呵护。

教子建议

　　1. 了解孩子同情心发育的特点。婴幼儿也有同情心,孩子与他人同悲同喜时,父母别训斥,这种现象不是孩子想捣乱,是他起了同情心。孩子表达同情心,例如帮父母吹伤口、揉疼处时也不要拒绝,要呵护孩子的同情心。

　　2. 教孩子爱护动植物,照顾好它们。家里的、自然界中的动植物,都要鼓励孩子去照顾它们。父母要告诉孩子,它们也有生命,害怕被伤害,喜欢被呵护。孩子把它们当生命看,愿意去照顾,就是在培养他的同情心。

　　3. 关心孩子,同时鼓励孩子关心父母。孩子伤心了,孩子冷了、饿了,父母要关心他。这种关怀,能让孩子感到温暖。同时,父母伤心了,需要人帮忙或照顾了,也可让孩子来做。孩子常感受父母的情绪,体味父母的感激,有利于培养同情心。

10. 同情心给孩子好人缘

同情心，它关系着孩子的个性健康，还维系着人际沟通。一个富有同情心的孩子，能拥有更好的人际圈。

小区里有一个孩子叫球球，他妈妈常打他、骂他，他也变得有些蛮横、粗鲁。球球很会打架，常常欺负小朋友。他这么厉害，大家并不怕他，相反大家非常讨厌他。

有一次，我问阳阳："你为什么不喜欢球球？"

阳阳说："他不喜欢别人，总说大家都不好，跟我们玩不到一块儿。"

我仔细观察，发现球球对人都怀着一种敌意。似乎大家都想和他作对。有谁帮助了他，他也特别冷漠，从不主动道谢。我发现这个孩子缺乏同情心，内心是冰冷狭隘的。

球球的妈妈，其实很疼儿子。只是，她一心想孩子学习好，常常对他进行打骂教育。

有一次，我看到球球一个人躲在小区树荫下哭。这个看似刚强、冷漠的孩子，也有这么伤心的时候。我知道，准是又被妈妈打了。球球也有自尊心，他不愿意忍受打骂。

我走过去问了他情况，安慰了他。短短的谈话中，我发现这个孩子很孤独。他不被父母理解，也不讨同龄人喜欢，他甚至不喜欢自己。

一次回家的路上，我远远看见一群孩子围成一圈。走近一看，大家在看球球虐待一只流浪狗。别的孩子只是站着看，球球却一直拿石块砸它，疼得它乱叫。我赶紧驱散了孩子，说小狗很可怜，不要这样对他。

回家后，我把这事告诉了阳阳，阳阳气愤极了，他说："妈妈，他怎么能这样，我们真不爱和他这种人玩。"有时候，球球也和阳阳他们玩游戏，球球只顾自己得分，不顾其他伙伴，马上被大家边缘化了。

一个缺乏同情心的孩子，不会主动关心他人，无法把握对方的情绪。这样的人在人际交往中往往被称为"怪人"，好走极端。他们不被群体接受，缺少朋友，这样的孩子很难幸福。

教子建议

1. 不要打骂孩子，伤害孩子的自尊心。一个缺乏同情心的孩子，多半在童年有被打骂、刺伤自尊心的经历。这些伤害造就了孩子日后的冷漠和无情。打骂教育是一个痼疾，父母一定要慎用。

2. 批评孩子的无礼残暴习性。生活中孩子表现无礼，例如不尊重师长、随便打骂人等，父母不能放纵，要及时教育，表明父母的反对态度。孩子残害动植物更应该制止，可让孩子饲养喜欢的动植物，培养他的同情心。

3. 尊重孩子的合理正当需求。要想孩子体谅他人，孩子的情感、物质需求也需要被人体谅。孩子的需求长期被压抑，孩子的情感一直被忽略，这种状态下，孩子如何能推己及人，学会同情关心他人呢？

11. 做一个善良的孩子

一个缺乏善良品质的人，也是一个道德上有缺陷的人，容易引起各种事端。这样的孩子一旦犯错，就容易酿成大错。做父母的都希望自己能有一个对社会有用、品德高尚的孩子。

我一位同事，是一个单亲妈妈，她十分疼爱自己的女儿。为了工作，她费尽心思地给女儿找了一个保姆。当时，女儿四岁多了，脾气特别坏。保姆从农村来，特别老实。

妈妈的娇惯，让女儿非常任性。保姆到家后，事事都得听女儿的。一旦保姆不听，她就威胁保姆说，要打电话告诉妈妈，说保姆打她了。小保姆也不大，刚刚十九岁，常常被吓得不行，怕丢了工作，就事事依着女儿。

有一次，小女孩强行要求保姆跪在地上给她骑大马。保姆让她骑了一会儿，她却上瘾了要一直骑着。最后，保姆累得不行，死活求她，她就是不依。保姆不愿跪着后，孩子马上给妈妈打电话，说保姆在打她。

同事回家后，看着保姆的样子，马上知道是女儿撒谎，在欺负保姆。同事没有怪保姆，但也舍不得教训孩子。

后来，小保姆受不了女儿的任性，走了。事后，小女孩把她干的事，一件件都告诉了妈妈。同事听后惊呆了,自己的确非常宠女儿,但是,她听完女儿的话后,发现她撒谎、残暴、会折磨人,这些行径都非常不善良。

同事很害怕,怕自己的孩子成了一个邪恶的小孩。本来她没在正常的家庭中成长,同事才对她百般顺从,万般疼爱。只觉得她任性、脾气不太好,没想到女儿心肠还这么坏。

孩子由于自我中心意识容易出现自私、霸道的行径。一旦被纵容,孩子容易觉得他人就是自己的奴仆,要为自己服务,善良将远离孩子。

教子建议

1. 为孩子创设亲切、友爱的成长环境。父母要为孩子提供一个友爱、善意的成长氛围。父母对朋友、亲戚、邻里、同事,以及一切可以给予帮助的陌生人,都应友好相待。孩子在这种环境中成长,善良、友好对他而言才会是自然正常的事。

2. 给孩子提供表达善意的机会。生活中,父母可适当扮演弱者,让孩子帮助自己。家里有小动物可交给孩子照顾,让孩子和它友好、亲密相处。社会上有需要帮助的人,也鼓励孩子去帮忙。孩子做这些事能收获他人的感激、友好,使孩子喜欢上行善。

3. 赏识孩子的善意举动。最初,孩子在表达善意时,如果被肯定和赞扬,他以后才会乐意这样做。如果孩子帮助了人,却被父母训斥为多管闲事,这种方式会逐渐熄灭孩子心中的善意。

12. 宽容能征服人心

斯宾诺莎说过:"人心不是靠武力征服,而是靠爱和宽容大度征服。"
中国有句古话,"得人心者得天下"。

两句话一比对,可现出宽容心的珍贵。

有一天,阳阳哭着跑进屋,他说:"妈妈,我再也不理阿龙了,我恨他。"原来,阿龙不小心把阳阳的一个秘密抖搂了出来。其实也不是什么大事。

原来在幼儿园里，阳阳喜欢一个叫豆豆的小女孩。阿龙一说出来，大家都知道了，都在笑话他。豆豆知道了也非常生气，不愿和阳阳一起玩了。

这件事让阿龙和阳阳交恶了。平时他俩一起上学、放学，有玩具一起玩，有东西一起吃。现在都四五天了，阳阳不愿理阿龙。阿龙也很愧疚，一直在道歉，阳阳就是不想原谅。

我是大人，知道这是孩子的私事，不便干涉。只是看他俩都落落寡合的，心里也替两个小朋友难受。

一段时间后，阳阳也意识到，没了阿龙的陪伴，生活少了不少乐趣。但是碍于面子，他不愿接受阿龙。

我见状，就故意给阳阳讲了一个宽容心的故事。听完故事，阳阳也隐约知道了我的意思。我又说，其实谁都有犯错的时候，如果错的是自己，会希望别人怎样对你呢？我指着家里的玩具，指着他和阿龙画的作品，这些都是阿龙陪伴他的痕迹。

后来，阿龙再次向阳阳示好求和时，阳阳原谅了他。

原谅阿龙后，阳阳的笑脸马上就回来了。不到几天，曾经的不愉快，全部烟消云散了。后来我发现，阳阳学会了换位思考，不再憎恨他人的过错，他身边的朋友也越来越多了。

人与人交往，难免会有矛盾。如果总盯着过错不原谅，只会断送一段友谊。同时，任何人也避免不了犯错。一个有宽容心的人，更容易被他人所原谅，巩固好人际圈。

教子建议

1. 矛盾过错面前，教孩子换位思考。孩子与人发生矛盾了，他人对孩子犯错了，此时要教孩子换位思考。孩子能体谅他人的处境，才能为对方考虑，进而宽容对方。一个不会换位思考的人，是难以有宽容心的。

2. 鼓励孩子正当竞争，坦然面对胜败。胜败中，最能考验一个人的心胸。一个宽容大度的人,不能是心胸狭隘之人。平时,要鼓励孩子正当竞争,坦然面对胜败,培养孩子宽容大度的心胸。

3. 悦纳他人的缺点,多看人的优点。孩子在与人交往时,要多看人的优点。任何人身上,总会有各种缺点,会让孩子不满意。一旦孩子盯着别人的缺点不放,就容易不宽容人。相反,一个常看到他人优点的人,更具备宽容心。

13. 宽容使孩子心胸豁达

雨果说过:"世界上最宽阔的是海洋,比海洋还要宽阔的是天空,比天空还要宽阔的是一个人的胸怀。"

一个心胸豁达的孩子,会懂得宽容。

退一步海阔天空,宽容能化干戈为玉帛。

阳阳最初也不懂得宽容,他因为小,所以非常任性,常常以自我为中心。

有一次,我给他买了一个储蓄罐。阳阳很珍惜,每天把剩下的钱放进去,这个东西是阳阳天天都要摸一下的。

那一天,表弟东东到家里玩,偏偏看中了他的储蓄罐。阳阳见状赶紧护着,不让东东碰。东东留了个心眼,趁阳阳不注意,偷偷溜进了屋,一个人悄悄地玩起来。他还把里面的钱,一个个全倒了出来。

阳阳进屋时,东东赶紧藏罐子,一失手摔在地上打破了。

我正在厨房做饭,突然听到阳阳在大哭,赶紧跑了出来。阳阳见我来了,指着储蓄罐,口口声声要东东赔。阳阳还大声说:"我恨死你了,你打碎了我心爱的储蓄罐,不准到我家来玩了。"

东东也很尴尬,他为难地看着我。

我蹲下来说:"阳阳,罐子破了,妈妈再帮你买一个。表弟可只有一个,你真想和他绝交啊。上一次你去他家玩,他的电动摩托车,不是一直让你玩吗?你也弄坏过他的东西,那只变形金刚不是你扭掉了脑袋吗?"我一边说,一边看阳阳的表情。

阳阳哭的声音变小了,东东听我这么一说,马上想起了这些事,他的眼圈也红了。阳阳看东东这样，突然不好意思了。他毕竟是哥哥，怎么还能跟弟弟这么计较呢？

两个小家伙，你看着我，我看着你，都不哭了。

我见状，赶紧回厨房做饭去了。不一会儿，客厅里又传来了他俩说话的声音，看来阳阳已经释怀了。我见状也在厨房里笑了。

宽容心是一种珍贵的情感。一个有宽容心的孩子，面对他人的过错，能将心比心地原谅对方。富有宽容心，孩子往往善良、温和，惹人喜欢，受人拥护，更容易获得成功。

教子建议

1. 不要为无法挽回的事纠结。"别为打翻的牛奶哭泣。"一些事既然无法挽回，就要鼓励孩子放下。他人的无心之过本无恶意，这种情况下孩子更应该体谅对方。为打翻的牛奶而纠结是没有丝毫益处的，只会失去更多。

2. 培养孩子的处变纳新能力。一个心胸宽广的孩子，能接受变动，也能接纳新事物。面对这些变动及新事物，父母要鼓励孩子，用一颗包容的心来面对。孩子能接纳这些，才能迅速适应新环境，充分施展自己的能力。

3. 让孩子感受宽容的温暖和力量。孩子犯错了，有悔改之意，此时父母宽容他，能让孩子感受到宽容的温暖。孩子一旦明白，宽容有如此力量，也愿意用宽容来感化人心。孩子时常宽容他人，性情会更温和，心地会更善良，会更讨人喜欢。

14. 骄傲自大就像井底之蛙

阳阳一回家，就举着一个小奖杯说："妈妈，我是第一名啊。"

他参加市少儿杯绘画大赛，得了第一名。

阳阳自从学画以后，这是第一次在竞赛中获得奖杯。我也非常高兴，这是他努力的成果。为了这个奖杯,我专门买回来一个小玻璃柜,用来放它。

我指着玻璃柜说:"阳阳,妈妈希望,你能把这个小柜子装满。"

一时间,亲戚、邻居都知道了这件事,阳阳被包围在了称赞声中。

得奖后的第一次培训课上,老师也当着全体学员的面,表扬了阳阳。我发现,阳阳开始自我膨胀了。

以前他学完画后,一回家会马上把刚学的东西再主动练习一遍。现在,他想练就练,不想练就跑出去玩。

有一天,我问他:"你还喜欢画画吗?"阳阳说他喜欢,不过他表示,他的技术已经远远超过大家了,一天不练没关系。

一个月后,学校也要举行绘画大赛,阳阳报名参加了。阳阳很自信,准备时很随便。我看着这一切,没说话。大赛是现场比试,阳阳很快就画完了,交了作品。交完后他才意识到,自己刚才有些地方没布局好。

结果下来时,阳阳一个专业学画的,竟然输给了业余的同学。看过别人的作品后,阳阳意识到他们画得的确比自己的好。

这一次,阳阳亲自品尝了骄傲的后果。他有点儿沮丧,甚至有些灰心,情绪很低落。看他这样,我带他进了画室,将他的作品一一指给他看。他的进步很明显,他一直在成长。他的奖杯代表着他的能力。看着这些成长的足迹,阳阳意识到是骄傲害了他。

学习是一个持续的过程,一时一事领先,不能成为骄傲的资本。任何时候,孩子都要保持谦虚谨慎的态度,这样才能持续进步。骄傲让人故步自封,变成了井底之蛙。

❤ 教子建议

1. 让孩子认识骄傲的危害,引以为戒。骄傲的人,听不进好心的劝告。孩子骄傲了,会放松警惕,慢慢地就退步了。退步,就是对骄傲的惩罚。孩子有了骄傲情绪,父母要提醒他,不想退步就得马上警醒。孩子被惩罚后,要帮他认识到错误所在。

2. 帮孩子全面认识自己,不自卑不自傲。孩子要全面认识自己,这样才不会盲目自大。孩子明白自己的优缺点,才能巩固长处,改进

> 短处，继续进步。不能全面认识自己的孩子，容易陷入盲目的骄傲或自卑中。
>
> 3.表扬孩子要自然真挚不浮夸。孩子取得成绩，夸奖是必需的，但一定要自然真挚。既要让孩子受到激励，又不能浮夸激起孩子的骄傲情绪。骄傲多是由错误的夸奖滋生的。孩子从父母或他人口中，轻信了错误的夸奖，从而变得骄傲了。

15. 谦虚是进步的阶梯

"满招损，谦受益"，是一条千古流传的真理。

自从意识到骄傲非常可怕后，我就时刻培养阳阳谦虚的品质。

阳阳做事情不一定件件做得好，他也常被老师、同学、他人批评。每一次听到别人说他不好，阳阳心里都不好受。

有一次，阿龙抱怨阳阳，玩角斗士时技术太差，总给小组拖后腿。阳阳听后气得不行，回家后，就想办法增强实力。

我见状，马上开导他说："别生气，阿龙说得对，你腿上的力量不够，要吸取教训，好好锻炼。"我有晨练的习惯，我便趁机带上了阳阳。阳阳赌着一口气，不喊苦也不喊累，天天跟着我跑。

一个月后，阳阳就见成效了，他不再是最差的那个了。

我告诉阳阳，任何人批评自己，都要虚心地接受。如果是缺点就要积极改正，能做到这一点就能不断进步。

此后，再次听到别人批评自己，阳阳不恼，反倒觉得很珍贵。

阳阳考了第一名，阳阳学会了滑冰、游泳，他的一点点成绩，我都看在眼中，喜在心里。但是，我从不刻意夸奖他。他进步了，我只会看看他的成果，提出一些可改进的建议。我这样做是因为我知道，一个取得成绩的孩子，是最容易骄傲的。

我不刻意夸他，是想让他保持内心的宁静，谦虚地看待每一次进步。

我不重视分数，阳阳在我的影响下，也不太介意分数高低了。每次考完了，无论高低他都会仔细审查，发现自己有哪些学习漏洞。阳阳一时考高或考低了，我从不过多评论。我只看他的错题，如果他上次错的，这次改了，我会大力夸奖他，哪怕他总分不高。

谦虚是什么？是一剂灵药，让孩子在胜利面前，保持内心的宁静。谦虚让孩子认清了自己，不盲目地自卑或自傲。一个孩子想持续进步，必须拥有谦虚的品质。

教子建议

1. 教孩子理智地看待各类批评。一个谦虚的人能够接纳各类批评，不自卑不自弃。孩子有缺点通常会招致批评，理智地看待批评，才能认清自己的缺点。"忠言逆耳利于行"，正是在劝诫人们虚心接纳批评。

2. 孩子应注重成长的过程，而不是结果。成长不是一天的事，学习也是持续的过程。一个谦虚的人更关注自己成长的过程。哪怕一时有了好结果，也要更在乎剩下的过程。学习不以结果为终点，才能持续地进步。

3. 鼓励孩子努力改掉缺点。孩子认识到了缺点不去改进，还是无法进步。父母要做一个好的推手，激励孩子去改进。一旦孩子有了进步，要赏识他的努力。记住只夸他在过程中的努力，不要夸他整个人。这样，孩子才不会整体迷失。

16. 我不是自私的小孩

一个孩子在幼儿期，自我中心意识强烈，会出现自私的行为。

阳阳两岁左右也比较自私。他的玩具常常是自己玩，不愿和别人分享。有一次，阿龙到家里来玩，拿了他的小汽车。阳阳见了一把夺过去，大声说："不准碰，这是我的。"

阿龙赶紧把自己的玩具，抱在怀里说："我的小飞机，也不给你玩。"

两个孩子，都开始护自己的玩具。

虽然阳阳表现得自私，但我并不想怪他。我知道，他和阿龙都是两岁左右，正处于自我认知的时期。此时他的自我中心意识很强烈，如果我轻易批评他，会伤害阳阳的自尊心。

不一会儿，两个孩子在客厅里，各自玩起了玩具。阳阳时不时地，偷偷地看看阿龙，他在看他的小飞机。看样子，阳阳还是非常想分享玩具的。

有一天，我陪阳阳去公园骑单车。陈阿姨见我们过来了，赶紧跑过来，送给阳阳一大把红枣，还反复强调是她刚买的。阳阳见了非常高兴，赶紧把枣放在他的车筐里。到了公园，我们碰上了几个熟人。

我抓了几个枣，送给小朋友。阳阳见了，赶紧过来说："是我的，不准动。"我说："他们常和你玩，是你的朋友呀。"阳阳听不进去，坚持不同意。一旁的阿龙见了，二话不说上来就抓了一把。

这可坏了，阳阳非常气愤地赶紧冲过去抢。阿龙也调皮，赶紧放在嘴里吃。阳阳见抢不回来了，气得不行，就把筐里的枣全扔到地上了。

阿龙见状，赶紧跑开了，远远地，还回头看了看阳阳，似乎不认识他了。

我见状，知道阳阳自私的毛病又犯了。他并不是心疼红枣，只是想护自己的东西。

孩子在两三岁时，对自己的关心大于周围，有许多自私的行径。其实这是一种正常的心理发育阶段，不该被扣上自私的帽子。孩子在维护自我时会有一种幸福感、安全感。

♥ 教子建议

1.了解幼儿的心理发育特征，弄清自私的缘由。孩子在两三岁表现出自私的行径，父母不必过于慌张。此时，孩子自我中心意识强烈，在维护自我时会有强烈的幸福感、安全感，是一种正常心理。但是千万别纵容，否则自私真的会扎根。

2.吃、穿、用上，要培养孩子的分享精神。父母应理解孩子两三岁时的自私，但不要放松警惕，要时刻培养他的分享精神。未来社会是一个讲规则、讲合作分享的时代，孩子很自私，会缺少人缘，还会无法融入群体。

3.改正孩子的独占心理时,要给他一个合理的解释。孩子不愿分享,只想独占时,不能一味纵容,要适时拒绝。拒绝时要耐心地解释和说明,把他自私的不良影响,一一分析给孩子听。解释时不必强压,这样容易导致孩子恐慌,解决不了实际问题。

17.错误的攀比滋生嫉妒

妒忌,一般被认为是一种消极情绪,是人与生俱来的品质,谁都妒忌,只是程度不同、表现不同而已。

我第一次发现阳阳会嫉妒,是在他两岁左右。

当时,我带着他出去玩。远远地,我见阿龙和妈妈也在闲逛,就坐下来和她聊天。阳阳见状,就在旁边玩沙子。阿龙一直围着妈妈转,我见他可爱,就一把搂过了他,抱在自己怀里。没想到阳阳见了,立马把沙子扔了,跑来伸开手,要我抱。

我见状忍不住笑了,赶紧抱着他。阳阳过来时,还故意推了阿龙一把。阿龙妈妈和我相视一笑,看来,阳阳是嫉妒阿龙了。

后来,阳阳上幼儿园了,因为他在学绘画,所以美术老师非常喜欢他。每节课上,阳阳都像个小明星一样,在孩子们羡慕的眼光中,展示自己的作业。

有一次,阳阳回家后闷闷不乐的。我问他,他说他恨毛兵。原来当天的美术课上,老师发现毛兵画得不错,特别表扬了他,还展示了毛兵的作品。

第二天,我听王老师说,阳阳在幼儿园打架了。原来他见毛兵跟豆豆玩,豆豆是阳阳最喜欢的小女孩。阳阳冲过去故意找碴儿,和毛兵打了起来。

晚上我接阳阳回家,想了想这些事,觉得阳阳在嫉妒毛兵。

毛兵也是个非常优秀的孩子,他一直在学钢琴,各门课程成绩都不错。毛兵的妈妈,也从小关注他的教育,事事精心地培养。阳阳时不时喜欢拿自己和毛兵比,发现自己不如他,心理不平衡了。

孩子嫉妒，是因为安全感、关注度受威胁了。出于本能的捍卫，孩子会仇视、攻击他的嫉妒者。错误的攀比心理，让孩子仇恨超过自己、威胁自己的人，这是一种消极情绪。

教子建议

1. 避免在孩子间进行比较。日常生活中，要尽量避免拿孩子去比较，尤其是比他强的人。父母这么一比，会让孩子更关注比较，一旦失利容易激起妒忌心理。没有比较也就没有了妒忌。

2. 要理解、承认孩子的感受。妒忌是人之常情，只是孩子不懂得掩饰。孩子心生妒忌了，父母要接纳、承认他的感受。父母认可他的愤恨，会缓解孩子的愤恨。时常父母越是不认可、不理解孩子，孩子越发地嫉恨对方。

3. 让孩子自主解决嫉妒纠纷。孩子因妒忌起了纠纷，哪怕是打架了，父母也要旁观，别插手。孩子自己解决，就是自己处理妒忌情绪，无论成败，孩子都获得了经验。下一次，孩子就不会用无用的方法，来处理妒忌了。慢慢地，孩子学会了如何处理妒忌。

18. 将嫉妒转化为竞争意识

一直以来，阳阳跟毛兵就是一对冤家。

上小学后，他俩又被分到了一个班。阳阳的绘画很厉害，常常组织班上的黑板报、年级的宣传栏。毛兵演艺才能突出，常常组织班上的文艺活动，还常参加校艺术活动。

阳阳外语好，但是毛兵的总成绩好，几乎都是前三名。太多事情让阳阳和毛兵成了一对竞争对手。

毛兵会的，阳阳会不服气，一心也想学，变得更优秀。我知道这种情况后，也常常利用阳阳的嫉妒，激励他学习。

一直以来，阳阳的数学老拖后腿。偏偏毛兵数学好，几乎次次一百分。

每次，阳阳考完数学了，我会故意问一句："毛兵呢？"阳阳报完他的分数后，就自觉回屋学数学了。我从不批评他，也不表扬毛兵，我只是提醒他，还有个毛兵呢。

阳阳为了超过毛兵，下了不少功夫。

有一段时间，小曲和阳阳常在一起做家庭作业。阳阳帮小曲补外语，小曲帮他补数学。小曲这孩子外语非常差，但是他的数学特别好，是班上唯一能与毛兵匹敌的人。

阳阳天天和小曲一起研究外语和数学，没想到，几个月后，两人共同进步，都闯入了前三名。第一次，阳阳数学考了一百分，赶上了毛兵。

阳阳在学画过程中，也常喜欢和别人比。培训班上有一个孩子叫陈霖，一直和阳阳不相上下。时常，华老师在表扬陈霖时，阳阳心里会不舒服。为了得到老师的青睐，阳阳学画更积极了，他不想落后于陈霖。

嫉妒心是人之常情，孩子也无法避免。生活中有很多比较在所难免。这种消极的情绪，如果被适当引导能转化为竞争意识。孩子在赶超时既缓解了嫉妒心理，还能提升技能。

教子建议

1. 鼓励孩子与嫉妒对象竞争。孩子在日常生活中，流露出嫉妒情绪。如果这一领域孩子正好感兴趣，可鼓励孩子去学习。父母适当引导，就能将妒忌转化为赶超行为。若在学习领域，孩子可把嫉妒者变成学习竞争对手。

2. 不支持孩子打击、报复嫉妒者。嫉妒易生嫉恨，如果孩子处理不好，容易采取打击、报复的手段。这样，嫉妒就产生了负面影响，对他人造成了伤害。任何时候都不支持打击、报复行为，以免嫉妒情绪荼毒孩子的心灵。

3. 教育孩子心胸豁达，不斤斤计较。人都有嫉妒心，孩子也会深受其扰。平时要教育孩子换位思考，人与人交往时将心比心。鼓励孩子多交朋友，能宽容他人的错误，能坦然面对一切输赢。孩子有一颗豁达的心，才会远离嫉妒。

19. 享受童年的快乐

一年夏天，阳阳在户外玩。

突然，乌云四起，眼看要下雨了。我焦急地看着楼道口，就不见阳阳回来。暴雨倾盆而下时，老公说："快！拿大伞去找找，阳阳不会出事了吧？"

我很着急，拿起伞就冲出了门向广场跑去。风很大，几次差点儿吹翻了我的伞。我想："孩子哪儿去了，没事吧？"

朦胧中，我依稀听到了阳阳的笑声，赶紧循声找来。

一眼，我就看见了他。这个小疯子，正和几个男孩在雨里又跳又笑。我远远站着，犹豫着要不要靠近。

豆大的雨点砸下来，阳阳的头发、衣服、鞋全湿透了。他在踩水玩，已经成了落汤鸡。

一个转身后，阳阳发现了我。他跑过来，高兴地说："妈妈，我淋到夏天的雨啦。"

他话一出口，我就理解了他。

我在给他讲故事时，常穿插着讲讲我的童年。有一幕就是淋夏天的雨，我说那个时候家里穷，伞很少，要是碰上了雷雨，我就顶风冒雨地狂奔回家。全身都湿透了，鞋子能倒出好多水，感觉真棒，就像征服了大自然，浑身都是力量。

当时，阳阳听得入了迷。

可不，他今天逮着机会啦。

我强颜欢笑："是吗？感觉如何？"

他说："过瘾，暴雨一点儿都不可怕。"

风雨中，我问他："晚饭好了，我们回吧？"他说："走！"

阳阳坚决不打伞，他说反正湿透了。我不敢强求，怕影响他的高兴劲儿。我一路忐忑地往回走，心想老公见了"落汤鸡"，不会也电闪雷鸣吧？

刚上楼梯口，老公就冲了下来，拉着我问："咋啦？"

阳阳见状，马上意识到有问题了，紧张地看着我。

我硬着头皮说："没事。阳阳，快去洗澡，换好衣服。"他机敏地溜走了。

站在楼道里,我把事情全讲了。老公挺生气,责问我:"就你大胆,生病了咋办?"

我说:"他在享受童年的快乐,就放任他一次吧。"一番劝慰后,苏宁终于同意了。还好,阳阳没有感冒。我是挺大胆,但我知道孩子的成长离不开和大自然的亲密接触。孩子会在大自然中感知身体,才懂得保护自己。

如果一辈子一次暴雨都没淋过,一场雪仗都没打过,同样会留下深深的遗憾。当然,这种体验能够在童年里经历,感觉会很美好,还能激发出孩子对生命的激情。

教子建议

1. 多带孩子接触大自然。阳光、水、风、花、雨、雪……都能滋养孩子的性灵。一个常接触自然的孩子,懂的更多,个性也更鲜活。自然中的知识,自然带来的情感,都能滋养孩子。

2. 允许孩子偶尔地放肆。生活中,享受童年的快乐要排第一。许多时候,孩子偶尔出格,也是个性丰满的过程。

3. 父母要常回忆自己的童年。父母有一颗童心,才能走进孩子的心。常常想想自己的当年,能够更加理解孩子;常常想想自己的童年,能与孩子有更多的共同话题。

七、辅导学业修行：父母自身的态度和行为对孩子的学习观念有深远影响

● 1. 自主学习，快乐学习

学习是什么？

问一个孩子，听听他的阐述，就能知道他是否在自主学习。一个孩子愿意学，学习时会非常愉悦；一个孩子会学习，善于快速掌握知识；一个孩子能自醒、自励、自控，才能适应学习环境，才会乐于求学，实现人生价值的增长。这就叫自主学习。

自主学习是一种习惯，也是一种能力。归根结底，孩子是否会自主学习，是一个不断培养、不断学习的过程。

阳阳目光所及，我马上会充当解说员，告诉他："这是风铃，风一吹来，它会丁零零地响。""这是衣架，用来晾晒衣服的，把衣服撑起来，它就干得更快了。"

我跟阳阳说话时，他好奇地看着，虽然不太懂，但小家伙一副专注的样子，学得津津有味。平时只要阳阳感兴趣的，我就讲给他听，这是什么，干什么用的。慢慢地，阳阳会说话了，他自己会问："这是什么？"我则讲解。

阳阳会自己看书了，我带他去书城，让他选自己喜欢的图书。

阳阳喜欢上一样东西，但他又不懂，我则鼓励他自己去查书，自己上网找资料。阳阳慢慢地长大了，他学会了有不懂的东西可以自己采取各种方法弄懂它。学习对阳阳而言，就是吸纳新东西。

一直以来，我给阳阳灌输的理念是："学习不是苦差事，它是一件快乐的事。"阳阳学画时，常人眼中一个孩子待在画室里两小时是非常痛苦的。阳阳是主动要求学，他不觉得苦，他很享受练画的过程。

当有一天，阳阳能把心中的感触，都用绚丽的色彩描述出来时，他觉得很幸福。

随着终身学习时代的到来，任何一个孩子都得有自主学习的能力。学习不只是学校里的事，一切关于人的技能，一切关于世界的常识，一切感情、感悟，都需要通过学习来掌握。

教子建议

1. 面对新问题，鼓励孩子自己找答案。孩子的成长，是一个不断学习的过程。生活中时常会有各类新问题让孩子不知所措。无论是技能，还是常识，都应鼓励孩子自己去寻找答案。孩子通过各种手段，最终了解了新事物，正是自主学习的过程。

2. 呵护孩子的好奇心，引导孩子主动学习。好奇心是个宝，孩子走上自主学习之路，多靠它牵引。任何时候，孩子对人、事、物有了好奇心，都不要否定打击孩子。反之，要鼓励孩子去探索，掌握这些人、事、物的特征。

3. 让孩子多感受学习带来的成就感。学习能让孩子感受到成就感。一件事孩子本不会做，学会了会觉得很骄傲；一个知识点孩子本没有掌握，学会了会更有学习的信心。父母可设置一些情景，让孩子通过学习掌握新知识、技能，增强成就感。

2. 要做学习的小主人

学习是为了谁？

问一问孩子这个问题，我们就能知道，孩子是否做了学习的主人。中国的孩子，学习是为了谁，常常会有很多答案。有自己，有父母，有师长，有朋友，似乎每一个对他学习寄予厚望的人，都能让孩子为了他去学习。其实，学习不是别人的事，学习是为了自己。

一个孩子要成为一个优秀、成熟的人，离不开学习。一切的知识、技能都离不开学习。孩子为自己而学时，效率最高，成效最大。

为自己而学正是一种自主学习，一种自觉、自愿、自律的学习。孩子全部的热情被激发，各种学习潜能被释放，这种状态想不学好都难。

阳阳上小学后学习任务越来越重。我从不催他，从不说"孩子，妈妈这么辛苦，你一定要好好学习来报答"之类的话。一直以来，我都想让阳阳觉得，他学习的好坏是他自己的事。

阳阳取得了成绩，我会为他高兴，但不说"你真对得起我"之类的话。我不想让阳阳觉得，他的学习是为了父母。

一直以来，阳阳学外语、学绘画、学游泳……每一次，都是他自己提出来的。他对我说："妈妈，我想学。"我仔细考虑后，觉得他意愿强烈，能够学下去，就大力支持他去学。

我非常关注他学习的过程，只要有进步，我都真心为阳阳高兴。但是，我不介意考试成绩，不介意比赛结果。虽然阳阳自己时常介意，但作为妈妈，我不介意。我想引导阳阳，让他乐于享受学习的过程。

学习生涯是漫长的，孩子必须做学习的主人。这样，孩子才能有动力成为终身学习者。为父母，为师长，为朋友，这种学习都是短暂的，都是有期限的，都将远离自主学习。

教子建议

1. 培养孩子的学习主人翁意识。从小就要让孩子觉得，学习是自己的事。同时要强调学习的重要性，鼓励孩子通过学习掌握技能，掌控自己的命运。孩子渴望成就感，渴望更优秀，要向孩子表明学习是条途径，要成为学习的主人。

2. 不要流露出孩子的学习关系着父母的一切。父母常控制不了自己的情绪，对孩子的学习过度关注，分数成了父母的"命根子"。这种态度在向孩子表明，学习是为了父母。孩子一旦有了这种意识，便不乐意自主学习了。学习变成了强迫、被动的事。

3. 注重孩子的学习过程。学习不是为了分数，不是为了竞赛，不是为了考证书。只关注这些东西，会忽略学习过程中的快乐。父母要带头多关注学习的过程，让孩子体味到过程才是最美好的。哪怕分数不高，并不代表自己没有学习成果。

3. 好奇心是学习的动力

学习领域，好奇心是个宝。

一个孩子，对事物有了强烈的好奇心，便会认真观察，达到对事物更客观的认识。孩子对事物有了兴趣，要求知道得更多，便开始了自主学习。可见，好奇心是一切学习的原动力。孩子天生具有强烈的好奇心，天生爱学习。

阳阳小时候，常常对一些小东西痴迷。有时候为了看蚂蚁搬家，为了看虫子长大，他能一直观察下去。

第一次看蚂蚁搬家，是在小公园里，正值夏天，阳阳发现了一群蚂蚁。我告诉他，要下雷雨了，蚂蚁要搬家。阳阳听了，就一动不动地盯着看了二十多分钟。我坐在木椅上休息，随时等阳阳报告状况，"妈妈，有几只扛着粒米呢""它们都排得好整齐"……

天越来越阴沉时，我带他回家，他还不放心小蚂蚁。我翻出一本《昆虫记》的儿童读物，翻开蚂蚁这一节，趁他有兴趣，给他讲了蚂蚁的相关知识。阳阳听得很认真，不懂的地方还会问一问，我都一一解释了。

听完讲解后，阳阳感到很满足。后来见了阿龙，阳阳还向他炫耀这些知识呢。阿龙听了也对阳阳很佩服。

阳阳学口语，多半也是出于好奇心。最初，他只是问："妈妈，吃饭怎么说？""石榴怎么说？"他想到什么就问我一句，我就教教他。等他学会了，我则故意用这句话和他对话。他觉得好玩则应和着我，苏宁见了也时常加入我们的对话活动中。

后来，我给阳阳介绍了几个外国小朋友。阳阳对他们非常好奇，吃的、玩的、用的，都觉得很稀奇。为了和他们交流，阳阳学口语更用功了。只要在家，他就要我用英语与他对话。

孩子的好奇心重，凡事想探个究竟，这是非常宝贵的意愿。一切的自主学习，最终都源于好奇心。父母善于运用好奇心，能帮孩子在快乐中学知识。

● 教子建议

1. 尊重孩子所有的好奇心。孩子一切的好奇心，都是一种求知欲，父母应该尊重。孩子在表达好奇时，父母应认同他的感受。陪着孩子一起观察，引导他思考，激发他的兴趣。孩子多一些好奇心，就多一些思考的机会。好奇心强烈的孩子更聪明。

2. 发掘好奇心背后的学习动机。孩子对任何人、事、物、情好奇了，都可鼓励他去探索。探索过程中孩子需要的工具、途径，父母可帮忙提供。将好奇心引到求知的路上来，它才能实现最佳效用。

3. 不要嘲笑孩子的好奇心幼稚。许多东西引起了孩子的好奇，在父母眼中却平淡无奇。父母若说"这有什么稀奇的，见怪不怪"，这会扼杀孩子的好奇心。一个好奇心强烈的孩子，如果常被父母嘲弄，就会不再因好奇而主动探索了。

4. 学习趣味化，学习乐趣多

学习能有趣吗？

答案是肯定的，任何学习，都能激发孩子的趣味。枯燥的知识，投入现实的沃土中，就能生出奇妙绚丽的花朵来。

阳阳一开始接触学习，我就不想让他认为，"学习像咖啡，太苦了，小孩子不喜欢"。时常，我鼓励他用知识来解决一些现实问题。阳阳发现自己成功了，喜悦是不用言表的。

每天记单词，是我给他的一个任务。我说过一天四个必须遵守。四个，阳阳只要用点儿心,是非常容易办到的。

一天中,阳阳选四个最感兴趣的词,我教给他,他记住它们。

最初,阳阳感兴趣的太多,他只要一开口,总能想到想记的东西。家里的物品,只要入了阳阳的眼,他就要记住它们。记住了的,他会做一个小贴纸,贴在物品上。

我笑着说:"很好,这就是阳阳的标记了。"阳阳指着它们,常常对我说:"妈妈,这是我的。"我则问他,哪些是他的。他会把这些物品的英文全部说一遍。他说的对,我则承认,这些是他的了。

阳阳的口语不错,很多朋友以为,我是天天逼着他背单词、练听力。其实,阳阳跟我学英语,整个过程都是趣味化的。他累了,不想学了,我从不强迫他。有时候,他不想记四个单词了,我会多用英语和他聊天。聊着聊着,有感兴趣的词了,他就主动要求记住它们了。

有一次,阳阳哭鼻子,事后觉得很羞愧。鉴于此,我将"哭""羞愧"教给了他。带着深刻的情感记忆,阳阳很快记住了它们。长大了,阳阳说只要见到这两个词,他就想起了当天的事。

孩子每一天的生活,都是一个学习成长的过程。孩子不被强迫学,自己要求学,父母如果适当引导,就能让整个学习过程变得趣味化。学习是愉悦的,并不是一件难事。

▎教子建议

1. 利用生活场景,随时教孩子知识。真正的趣味,是生活中不经意间自然而然产生的惊喜。学习同样如此,一些生活场景是生动有趣的,能让孩子在体味时学到相应的知识,就是一个趣味化的学习过程。

2. 劳逸结合,不强制孩子学习。不能疲劳学习,一定要注意休息。当孩子倦怠了,还强制他学习,学习会变成枯燥、乏味的事。孩子处于轻松、自愿的状态中,才能感受到学习的乐趣,学习在孩子眼中也变得可亲可爱。

3. 教孩子最感兴趣的东西。一些孩子感兴趣的知识,父母不需营造趣味化的氛围,孩子自己就会觉得有趣。学习过程中,也要先拣孩

> 子感兴趣的教。孩子不感兴趣的，可通过其他手段，让孩子觉得它有趣。感兴趣后再学，会事半功倍。

5. 借助趣味化的工具学习

如今，大家都在想使孩子的学习趣味化，商家也加入了此列。例如点读机、动画学习光盘、趣味学习夏令营等。不排除有许多孩子用了还是不爱学，学得很痛苦。

孩子的痛苦不是工具带来的，而是父母错误的教育方法导致的。

一个工具再趣味化，孩子被强制性地用它学习，能快乐、开心吗？

一直以来，阳阳对数学兴趣不浓，虽说不上讨厌，但也说不上喜欢，成绩一直不冒尖。有一次，他在表弟东东家，看到了一盘光碟，讲的是奇妙奥数园，跟动画片一样，但讲的是数学知识，他很喜欢看。我听说后立马去给他买了光碟。

阳阳回家后，果然饶有兴趣地看完了。其中一些精彩的片段，他还反复观看，说要记住它们。我见状没有反对，还支持他这样做。

一直以来，阳阳都跟我学英语。等他词汇量到一定程度时，他提出阅读原著的要求。我知道他在阅读时，肯定会有许多不认识的单词。

我们在逛书城时，阳阳看到了英文故事版的点读机，他试用了一下，觉得挺好的，我们买下了。时不时，阳阳会拿出来读，渐渐地他会的东西更多了，不用我教了。他在趣味化工具的帮助下，开始主动学习了。

给阳阳挑课外书籍，我也选一些阳阳喜欢的颜色。例如童话书，同一类寓言故事版本会有多种，有一些趣味性更浓，在绘图等各方面更符合儿童的心理。阳阳选了它们，阅读的过程也变成了一个享受乐趣的过程。

工具本身是无罪的，要看用它的人，如何来用它。孩子出于自主学习的目的，选用一些趣味化的学习工具，能增进学习的趣味性。能够快乐地学习，学习将事半功倍。

> **教子建议**

> 1. 不强制向孩子推销趣味性的学习工具。有的父母对孩子学习特别上心。任何物品只要是对学习有用，都强制向孩子"推销"。强制性会损坏趣味性和学习工具中的乐趣性。孩子带着抵触情绪使用，收不到好的学习效果。
>
> 2. 经常向孩子介绍一些趣味性的学习工具。市场上有趣味性学习工具，可经常向孩子介绍它们。孩子有兴趣，则可以尝试性使用。许多学习用品的设计，都考虑了趣味性因素。一些学习资料也是趣味十足的。
>
> 3. 据家庭情况，适当满足孩子的购买需求。有一类孩子只为了满足物欲，并不是真想学习。有时候甚至出于攀比心理，疯狂拥有各类趣味性学习工具。这种需求一定要抵制。父母应根据家庭情况，在孩子真心想好好学习时，适当满足孩子的需求。

6. 学习目标要靠计划来实现

做任何事情要顺利达成目标，都得有一定的计划。孩子想实现理想，还得有实际的目标任务来支撑，更何况是学习呢？

幼年时期是孩子学习的黄金时段，需要掌握大量的知识。许多学习内容是孩子不喜欢的，如此怎么能让孩子继续高效地学习呢？

阳阳上幼儿园后，老师会教一部分东西。平时，我也会在玩乐中教他一些东西。我想锻炼他的思维能力、动手能力，还能学到一些相关的知识。

我带阳阳玩时会用心观察，看看他的兴趣点在哪里。我发现他对玩具、故事很感兴趣，对计算、手工不太用心。我制订了一个小计划，将他感兴趣的与不感兴趣的，两者搭配起来学习。

我在陪他玩玩具时，就利用玩具教他计算。最初，是十以内的加减法，他慢慢学会了。他喜欢故事，我就买一些故事类的手工书，让他边看边做手工，锻炼手指灵活性。阳阳不排斥这种方式，在玩耍中学会了不少东西。

慢慢地，阳阳长大了，他的学习计划也升级了。

英语学习是一个长期的过程。每天，他得记单词、听听力、阅读。为此，在他的配合下，我俩制订了一个详细的学习计划。每天记四个单词，听一个小时的听力，看一个小时的英文读物。加起来时间是挺长的，但阳阳几乎都能坚持完成。

他的听力，有一半是和我聊天进行的。记单词也在这一过程中完成。晚上，他爱看故事书，就读一个小时的英文读物。我有一张表格，阳阳每天任务完成得怎么样，他自己会去记载一下。一天天下来既是一种成绩，也养成了坚持的习惯。

一季度一总结，阳阳会发现自己的学习是否达标了。阳阳的外语好，正是这样一天天按计划走，练出来的。

孩子在学习中有一定的随意性，但是每一项学习成效如何都有具体的评价标准。任何一个孩子只有达到了标准，才算掌握了相关的知识。计划性的学习，能帮孩子一步步接近目标，不走学习上的弯路。

教子建议

1. 确定一个学习目标，让孩子有努力方向。制订计划前，要和孩子商量，学习的目标是什么。目标要具体，例如一个月记120个单词，暑假内学好数学的几大章等。然后，再来制订学习计划。每一天，孩子能比对总目标，看看自己的学习进度。

2. 分析孩子的现状，计划要设置合理。学习计划要结合孩子的实情，不然执行会有难度。制订计划前先考察一下，孩子的学习特点等。然后根据孩子的实情，给出一个合理的目标，不偏高也不偏低，执行过程中根据情况赏识孩子。

3. 给每个计划一个时间限定。每个计划，都要有一个具体的时间限定。孩子的随意性很强，没有时间作约束，他们往往不能自制。父

> 母每天提醒一下，多长时间完成什么任务，有了时间期限能提高学习效率。

7. 用计划规范孩子的学习

学习没有计划，就会陷入一种茫无头绪的状态中，既浪费时间，又达不到预期的学习效果。孩子的时间很宝贵，经受不起浪费。

自从阳阳上小学后，课程逐渐加紧，学习任务更重了。每天，他六点就起床，七点到校开始一天的学习。晚上五点半回家，还有一大堆的作业。

阳阳一天的时间，如果不合理安排，学和玩一片混乱，睡眠时间将被压缩。他正在长身体，我不能让他睡太晚。阳阳喜欢玩，我得让他有时间做游戏。

我与阳阳商量，上课时要认真听讲。这样能节省回家做作业的时间。回家后要复习当天的知识，预习明天的知识，方便课堂上的学习。

这样一来，他每天回家后，要做家庭作业，复习当天所学的知识，预习明天的。我规定整个过程在两小时内完成，剩下的时间由他自由支配。

阳阳一回家，放下书包就写作业。家庭作业，他要花四十多分钟，复习半小时，预习四十多分钟。其间他可以休息两次，每次五分钟。

开始写作业后，阳阳就摆一个闹钟在眼前，看着时间写。写作业时要全神贯注，一气呵成。

曾经阳阳边玩边写，结果家庭作业要一个多小时完成。他没有了玩的时间，也觉得这样不好。在我的指引下，他渐渐养成了专注的习惯。

有了这个计划，我不在家阳阳也自觉按要求来。他已经习惯了，也想早点完成作业，有更多玩的时间。

写完作业，阳阳吃晚饭。然后，他可以看看动画片、打打游戏、看看书。有时候，他出去串串门；有时候，他带上滑冰鞋，去小广场上玩一两个小时。这些他自由安排，我从不干涉。他也自得其乐，很享受这一段时间。

青少年时期，孩子的多半时间在学习上。能够有计划地学习，才不会被学习淹没，才能做学习的小主人。学习计划就是合理安排学习时间，劳逸结合，让学习达到最高效率。

教子建议

1. 不强制推行父母的意愿，制订计划要同孩子商量。学习计划的执行者是孩子，制订计划时要同孩子商量。父母心中有期许，希望孩子学什么，也要看孩子的意愿。不能用成人的标准强制推行学习计划，让孩子有压力，产生逆反心理。

2. 保留孩子可自由支配的时间。孩子天性爱玩，他的生活中一定要有能自由支配的时间。父母制订学习计划时要表明态度，常规学习时间内按计划来，自由时间由孩子自己安排。这样才能调动孩子执行计划的积极性。

3. 偶尔违背计划应酌情处理，忌随意责罚。每一天的生活都不一样，各种原因可能导致孩子违背计划。此时父母要表示原谅，鼓励他赶上进度就行。不要看到孩子违背了，就严厉责难。这样容易打击孩子的学习兴趣。

8. 学习方法很重要

学习方法不好，效率则不高，长此以往，孩子的学习自信心会受挫，成绩会越来越差。

每一个成绩优异的孩子，都有一套好的学习方法。

阳阳上小学后，开始了正规的学习生涯。一时间，学校、家庭、同学都把学习当成很重要的事。许多地方，分数被看成了"命根子"。学校里，尖子生一下子变成了闪闪发光的明星。走到哪里，头上都顶着光环。

阳阳受到了影响，也想当尖子生。

我告诉他，要想掌握好各个知识点，一定要注意学习方法。时间有限知识无限，要掌握学习范围内的知识，就得有选择性地记忆、做练习题。

第一次考试后，我就嘱咐阳阳买几个纠错本，一科一个。每次考试、家庭作业、课堂作业中的错题，全部记录在册。有时间就拿出来演练一遍。时间充裕就找出错误对应的知识点，细心地"嚼"教材。这一过程，我称为"补漏洞"，要阳阳重视它，坚持这个习惯。

每一章节的知识点，都会有基础点、重难点、次要点之分。我告诉阳阳，基础点是一个不能差，要完全熟练地掌握。能力范围内要抓重难点。一些次要点不要浪费过多的时间。每一科都要抓基础、抓重点的学习。

我常常提醒阳阳，这些观念便慢慢进入阳阳的潜意识，他在自觉遵守。

一直以来，我提醒阳阳要重视预习、复习、做作业几个环节。听课，是阳阳在校的主要功课，听课的技巧我也一一传授给他。

平常有不懂的问题，我鼓励他向老师求教。班上的尖子生，我鼓励他和他们做朋友，熟悉他们的学习方法，为他所用。

阳阳想当尖子生，我时常提醒他方法的重要性。慢慢地，他形成了一套自己的学习方法。阳阳的学习渐渐规律化，一切按部就班地进行着。阳阳的成绩也在慢慢提升。

不讲学习方法一味死学，既浪费时间成效也不大。学习是一个灵活的过程，任何机械化的照搬都是死学。孩子积极摸索自己的方法，才能事半功倍。

教子建议

1. 让孩子明白学习方法的重要性。孩子刚接触学习就要告诉他，要注重学习方法，并适时介绍各种方法。学习是项技巧活，不能死干、蛮干。别总对孩子说，"你要刻苦，要努力"，而应多说，"要注意技巧，劳逸结合，别太累"。

2. 根据孩子的需求，及时教他各类学习方法。孩子在学习过程中碰到任何难题，父母都可帮他想办法。例如，孩子不爱背诵，可教他边玩边背，编成儿歌来背。总之只要是适用的方法就教给孩子，鼓励他尝试一下，最终总能找到合适的方法。

3. 鼓励孩子向尖子生、向老师请教学习方法。老师和尖子生那里，会有许多学习方法。父母要鼓励孩子多向他们请教。平时他们说学习方法时，孩子要多收集。别人的方法，孩子要尝试一下，适合自己的则保留下来。

9. 阅读改变人生

阅读在孩子的成长中，是巩固学习的途径。同时，阅读是孩子的一种娱乐方式。一个人的一生中，许多东西，如人生观、价值观、世界观，都受到阅读的影响。

阳阳一岁左右，为了培养他对书的兴趣，我给他买了一系列婴儿识物的布书。每天，我会拿出这些书，给他玩。他一边翻，一边抬头看我，我则告诉他，图案是什么。婴儿也有记忆力，一段时间后，我只要报物品名字，他就能翻出正确的图案。

每每这个时候，我会惊喜地说："呵，阳阳真厉害，会看书了。"布书耐磨，物品的图案颜色绚烂，阳阳喜欢翻它们。有时候，丢给他几本书，他就独自玩起来。只要坐在床上了，他就喊着："书，书。"在阳阳的心目中，书是一种有趣的东西，很好玩。

两岁多，我给他订阅了《婴儿画报》《亲亲宝贝》等婴幼儿读物。我翻书读给他听，任他自己翻看图画，自由指识其中的物品玩。

有时候，晚饭后，我会拿起一本书在书房里阅读。阳阳见了，也跟着我学，拿着他的童书，认真地翻看着。有时候，书都拿倒了，他也不介意，一页一页翻看着。阳阳会识数后，便喜欢上了读页码。每一本书他都要拿过来，一口气读完所有的页码，然后再换新书。

我也发现，阳阳不讨厌书，和书很亲密，这正是我想看到的。

慢慢地，阳阳识字多了，能独自阅读了。后来，他常跟我去图书城，自己选购读物。他喜欢看动漫，有一些图书，他成套成套地购买。每次买回新书，阳阳都很兴奋，一连好几天，做完作业就泡在书里。他这么喜欢阅读，我常常夸奖他，也常给他引荐一些好读物。

阅读是一种习惯，需要从小培养熏陶。从小给孩子营造一个爱书的氛围，能引导孩子走上阅读之路。一个热衷于阅读的孩子，知识面、人生阅历都将更宽广。

教子建议

1. 给孩子营造一个爱书的氛围。家里可适量藏书，父母也要带头阅读，给孩子营造一种阅读氛围。鼓励孩子阅读时，父母可陪伴孩子阅读。孩子常看父母读书、看报，也会觉得阅读是生活必需品，主动向书籍靠近。

2. 从小让孩子多接触书，培养对书的感情。现在，婴幼儿读物丰富，各类读本种类齐全。从一岁左右，就可购买相关读物，让孩子早日接触书籍。孩子不一定学很多东西，最重要的是培养了感情，喜欢上了阅读这种活动。

3. 让孩子品尝阅读的甜头，培养阅读兴趣。孩子有一种天生的求知欲。一旦他识字了、识物了，常常会卖弄自己的学识。例如，孩子会认数字了，可让他帮忙读电话号码。这一过程，孩子会觉得知识很奇妙，很有成就感。读书有用，孩子才会爱上读书。

10. 把好孩子的阅读关

书籍市场，鱼龙混杂，孩子年纪还小，往往会出现选择偏差。这种现象，年龄越大，倾向越明显。

阳阳刚开始阅读，我一直把关。他读了大量的童话、寓言、科普类读物，想象力、知识面都得到了提升。

三年级以后，我放权了，由他自己选购图书，他的零花钱也多了，他会自己购买一些读物。有一段时间，我天天看他在读书。拿过来一看，全是日本动漫、娱乐杂志、言情武侠小说一类的书。这些书以娱乐为主，是一种"轻阅读"读物。

发现这一现象后，我觉得阳阳误解阅读了。读书，除了娱乐，更重要的是增长知识。政、史、地、物、化、生、语、数、外九门课程，哪一门知识的掌握，都需要大量的时间学习。

我和阳阳谈了一次心，把我的忧虑表达了出来，也把我的期望陈述了一遍。阳阳是一个很上进的孩子，他也意识到他在选择上出错了。

我给他指了一些范围，让他在科普、童话、少儿文学、青春读物这几大类中选择。有一段时间，阳阳喜欢郭敬明的书。我没有表示反对，在保证正常学习的情况下，他可以阅读。

一些中外名著的少儿版，阳阳只要愿意读，我也大力支持他阅读。

我一直"半睁着眼睛"，注视着阳阳读的书。只要对他有益，我都不反对。但是，他若把时间花在一些粗俗读物中，我还是会提出建议的。

我希望，阳阳能被好书陪伴着不断地成长。

课外阅读中，不是一切书都开卷有益。如今，图书种类千差万别，品目繁多，一定要把好阅读关。孩子的学习时间有限，书籍市场是一片汪洋，唯有好书陪伴，才能真正滋养孩子。

教子建议

1. 给孩子适宜的阅读建议，引导他选书。孩子有阅读习惯，是一件好事。孩子在阅读时要给他一些建议，多读一些童话、寓言、科普、经典名著类的书。书太多，孩子的辨别力又有限，一定要父母帮忙引导。父母要把好书一本一本推荐给孩子。

2. 一些低欲、暴力、色情读物，要远离孩子。孩子随着年龄的增长，会接触到一些坏书。只要是低俗、暴力、色情读物，一定要远离孩子。孩子一旦沉溺其中，会滋生许多坏品质，受错误的世界观、价值观引导。这一点，青春期的孩子尤其要注意。

3. 不要把教辅书当课外阅读书。读书是一种愉悦的过程，如果读物全是教辅，会压抑孩子的阅读热情。孩子从个人兴趣出发，一些健康的青春读物，是值得提倡的。这些读物同样能打开孩子的视野，激励他们积极向上。

11. 鼓励孩子独立写作业

家庭作业,是孩子一项重要的学习任务。老师每天会批改,孩子得花时间完成。孩子在家里做,总会有不懂的题,希望有人教教他。

阳阳也一样,自从学数学后,他常有不会的题。有时候,十以内的加减法,他常常弄不清。阳阳好面子,不喜欢看红叉叉,就央求我帮他检查。

从写家庭作业开始,我就要求他,自己写,妈妈不管。

刚开始他没意见。后来,他发现班上的孩子,多数人的作业由父母检查。每次别人的全对,就他的错。他知道后就讨厌红叉叉了,希望我帮帮他。

我细心地讲解,告诉他做作业不怕错,就怕不知道自己错了。有的小朋友,作业父母帮着检查,从来不自己检查,将来考试要吃亏的。我教阳阳做作业时要细心,做完了自己怎样去检查。我给了他二十根小棍子,让他做完后,用它们检查十以内的加减法。

阳阳见我不帮忙,只好自己努力了。

这个习惯一直持续下来,上小学后,阳阳遇到难题,会自己翻教材,找以前的作业题。他不喜欢问妈妈或爸爸,他想自己来解决,我看到后非常欣慰。我知道,虽然我和苏宁学历很高,但阳阳的学习,总有一天我们会帮不了他,他要学会自己应付难题。

有时候作业实在解不出来,他会先空着。第二天,他会去请教同学和老师。

阳阳习惯了独立写作业,也会自己检查作业。为了一遍写正确,他做题时认真看题,不想因马虎出错。因为他知道没人帮他检查,他得自己为对错负责。渐渐地他养成了严谨细致的学习风格。每次考试,阳阳很少因马虎丢分,做完试卷后,他会认真检查。

后来,阳阳的成绩一直处于前列。很多人以为,我为此下了大功夫。其实,我很少干涉阳阳的家庭作业,我只下了很小的功夫,让他养成了独立写作业的好习惯。

孩子的家庭作业,是孩子自己的事,千万别变成父母的事。父母陪伴孩子写作业,就让孩子产生了依赖心理,有难题找父母,有错误丢给父母。慢慢地，孩子会认为，学习是为了父母。

教子建议

1. 不陪同孩子写作业，让他独自安静地写。孩子写作业，给他一个独立安静的环境，别坐在孩子旁边。父母以为能监督孩子而坐在旁边，其实坏处很多：其一，孩子压力大，影响正常思维；其二，有难题就想找父母，易产生依赖心理。

2. 孩子的难题，鼓励他自己找答案。孩子在做家庭作业时，时常会遇到难题，习惯上孩子会来找父母解决。此时，父母切忌直接告诉他答案，或者直接讲做法。父母要鼓励孩子多看几遍题目，然后自己看教材，看以前的作业，找出答案。

3. 不帮孩子检查对错，让他自检。孩子做完作业后，别帮他检查。父母帮孩子检查作业虽能保证孩子家庭作业得高分，但错还是错。一旦孩子独自做题，例如考试，老毛病又犯了。因此，作业的对错由孩子负责。没有了依赖心，孩子做作业会更认真。

12. 考试要有平常心

越是大考，越要有平常心，否则容易出乱子。

第一次期末考试时，阳阳非常着急，他跑来说："妈妈，别忘了，我明天的早点要吃好一点。""妈妈，我要穿那套新衣服去考试"……

看着阳阳的情形，我心想，坏了，准是紧张了，这样肯定要出问题。

早早地，阳阳就嚷着要睡觉。我劝他说，别急，平时都是十点睡的，再玩半个小时吧。阳阳很担心，我说没事，妈妈来和你玩猜谜语。我坐在他的床边。我先说了一个，阳阳猜，然后他说我猜。马上阳阳就被带起了兴趣，我们开始竞赛了，看谁赢得多。

不知不觉，半个小时过去了，我起身，让阳阳早点休息。

平时早餐，阳阳吃一个煎蛋、一杯牛奶、一碗豆腐脑。第二天一早，

171

我就原样给他准备了。阳阳看见了,马上说:"妈妈,我还想吃汉堡呢,你去楼下帮我买。"我说:"妈妈快要上班了,来不及了,这三样你平时最爱吃了,快吃吧。"

阳阳不语,低头吃完了早餐。

阳阳要的新衣服,我也没给他找出来。我给了他一套平时的衣服,他前天穿的一套。就这样,阳阳出门了,像平常一样赶到了学校。

我知道,阳阳第一次参加期末考试,肯定很激动,有很多担忧。我怕他失去平常心,所以不想将这一天特殊化。一切生活习惯、作息照旧,希望能让阳阳感到平静。

晚上,阳阳回家了,我问他怎样,他说挺好的,就和平常考单元测试一样,没有太紧张。我悬着的一颗心终于放下了,孩子总算没有情绪异常。

此后,阳阳的考试更多了,每一次,我都教导他一切照常,不搞任何特殊化。

孩子就是这样,越是搞特殊化,越是注重,越容易扰乱了平常心。

常常有人问如何应付考试,其实最重要的方法就是保持平常心。人只有在冷静、平静的状态下,才能保持头脑清醒,使能力正常发挥。

教子建议

1. 父母不要营造氛围,将考试特殊化。通常孩子要考试了,父母比孩子更紧张,这是非常有害的。穿更好的,吃更好的,事事照顾孩子,容易将考试特殊化,让孩子无法真正的平静,处于一种考试怪圈中,会更紧张、不安、焦虑。

2. 一切新、奇、异,有违平常的事不要做。最好的状态是一切如常,平时怎样对待孩子,考试期间也一样。平时看电视的,考前也可以看,不要将考试搞成上战场一样。最平常的状态才是最自然、最不扰乱孩子心境的状态。

3. 不要刻意扰乱正常作息。作息也要正常,不可故意早睡或晚睡。人的生物钟已经定型,不要在考前改变,以免影响精神状态。考前挑灯夜战或提前睡，都容易影响孩子第二天的精神。作息不可扰乱，要正常休息。

13. 掌握一些考试技巧

考试有技巧，会运用的人能在固定的时间内，获取最高分。不善于运用的人，常常平时学得好，考试非常糟。

阳阳参加考试前，我也告诉他，试卷发下来，别慌着做题，先全卷浏览一遍熟悉题型。然后再根据难易度，先易后难。做题时题目一定要仔细看两遍，然后动笔。途中遇到难题要空着，先写后面简单的。

语文试卷发下来，先看一遍作文题，然后再答题。做前面的题目时，就能思考作文的布局谋篇。一些看起来简单、分值又高的题，一定别轻视，要多审题，防止大意审错了题。

考前几天，我把这些老经验，一一传授给了阳阳。阳阳说，这些话老师也说过。我则嘱咐他，既然都在说，一定要按这个来。

考完了，很多人喜欢对答案，我告诉阳阳，别对答案，马上开始复习下一科。阳阳不解，我说："已经做了的题，对与错都改不了了，无论对错，都会影响心境，最好不对答案。"阳阳听后点了点头。

我提醒阳阳，如果做完试卷了时间还早，就认真检查一遍。有些模棱两可的题，尤其是选择题，不要轻易修改选项。做题时，一些不太有把握的题，可做一个小记号，检查时重点查看。

早晨出门前，我让阳阳检查一下考试用品是否齐全。一切齐备后，我让他出门了。早点儿过去，熟悉一下考场的氛围使情绪稳定下来。

第一次考试，阳阳发挥了正常水平。此后，他更加注重考试技巧，一直在总结各种经验，保持一颗平常心。阳阳留心技巧，几乎每次都是正常发挥。我告诉他心态好，说不定能超常发挥呢。阳阳听后更加留意考试技巧了，他希望做考场上的"黑马"。

一个孩子不注重考试技巧，常常会发挥失常。长期考不好会导致孩子丧失考试信心，产生考试焦虑症。早日注重技巧，多磨炼，早日轻松应考，

173

才能正常发挥出实力。

教子建议

1. 考前要准备好用具，避免临场慌乱。考试用品一定要准备好，如果没带齐，不要慌乱，及时向老师报告。进考场前要仔细检查一遍，尽量避免这种情况。用具齐全，能让孩子考前情绪更稳定。

2. 答题时要注重技巧，不赶时间，不争交头卷。教孩子一些答题技巧，例如认真审题、先易后难、认真复查等。考试时间是固定的，要把握好进度，不抢时间，不在既难又分少的题上浪费时间。这些小技巧，要多多积累，使考试更顺利。

3. 总结每次考试的经验，不断改进技巧。考试技巧也要多实践，不断地改进。孩子每次考完了，可总结一下，哪些技巧好，哪些有待改进。注重提升考试技巧才能在实践中不断地精进技巧，在考场中正常或超常发挥。

14. 偏科拖了总分的后腿

随着孩子学习科目的增多，偏科现象时常发生。

阳阳最早的偏科是数学，刚上小学，我就发现他数学很薄弱。每次，他只能考80多分。班上的好几个尖子生，都是95分以上。阳阳按单科算，排在了十五名之后。

有一段时间，一提到数学考试，阳阳就紧张。

阳阳的语文、外语，都是尖子生，数学常让他抬不起头。就因为数学，他常常总分排到十名之后。学期末，看别人得奖状，阳阳非常眼红。

早在幼儿园，阳阳偏科数学就有苗头了，我没在意。当时，他不喜欢计算，做作业总先做语文、外语，最后是数学。

看阳阳的家庭作业，我发现，他的数学有许多知识漏洞，不是补一个两个的问题。阳阳是个要强的孩子，成绩考得差，心里非常难受。他告诉我，他恨数学了。我一听，赶紧告诉他，一定不能有这种心理，一旦讨厌数学了，会越学越难受。

我指着他的分数说，80多分，说明总体而言基础知识掌握得不错，非常有希望赶上来。的确，大多数的题阳阳会做，这也支撑着他的信心。

每天回家后，我提议他先做数学。如果时间充裕，多花一点儿时间做曾经的错题。我告诉他，错题就是知识漏洞，弄懂一个就少了一个漏洞。只要他坚持，成效会非常显著。

我们楼下的小曲，数学一直不错。我提议让阳阳和小曲一起学习，他帮小曲补外语，小曲帮他补数学。有人帮助后，又有了比对，阳阳学数学的热情提升了。小曲很细心，讲得很明白，阳阳愿意听他讲。

自从发现阳阳有偏科数学的倾向后，他加紧了学习数学。一门功课一旦真正变成瘸腿，再要赶上，就更加困难了。好在阳阳没有太差，两三个月后，他的数学就赶上来了。

偏科不是小问题，它会拖总分的后腿，影响孩子的升学。许多孩子其他科非常优秀，因为一门偏科无缘好学校的比比皆是。孩子有了偏科，一定要早日赶上来。

教子建议

1. 警惕偏科苗头，加紧该科的学习。偏科都会有一些苗头，例如，孩子总把该科作业放在最后来完成。孩子常说，该科的老师最讨厌，该科的成绩开始下滑等。一旦有了这些苗头，要及时纠正，让孩子加紧该科的学习。将偏科消灭在苗头期最省力。

2. 偏科要先补漏洞，然后梳理整个知识体系。薄弱科目是因为有太多知识漏洞，导致知识体系残缺。漏洞就是曾经的错题，孩子要准备一个错题本，经常演算错题，直到完全弄懂。当所有的漏洞补齐，稍作梳理，整个知识体系就建立起来了。

3. 通过各种方法，培养孩子对偏科的兴趣。追赶偏科，一定要先培养兴趣。例如，让孩子喜欢上偏科老师，带孩子进行趣味化补习，让孩子尝到做对错题的喜悦等。总之，重新让孩子燃起兴趣，才能激励孩子主动追赶。

15. 均衡各科的学习

年级越高，孩子的学习科目越多，容易出现偏科。孩子上初中后，课程一下子增到九门，还要注意体育考分，共十门课。为了中考，任何一门偏科，都会影响总分。

科目增多，学习时间不变，就得学会分配学习时间，均衡各科的学习。

阳阳进入初中后，一时也特别不适应，因为开了好多新课。小学阶段，政、史、地、物、化、生六门课程，都没怎么接触过。突然开了新课，有一些新奇也是一个挑战。开新课后，我马上提醒他，一定要均衡各科的学习时间，注意偏科现象。

六门新课中，阳阳的喜欢程度各不相同。听完他的描述，我提醒他注意不喜欢的科目。每一科的学习特点不同，要找出学习特色，再来一一攻克。用一种单一的方法学六科，是非常不现实的，一定要注意区别。

阳阳知道中考很重要，他不敢小觑各科，也怕自己偏科了。

每一科，当天布置的作业，他尽量当天完成，不拖到第二天。有时候，作业太多了，他只能选择性地来做。我告诉他，比较不喜欢的科目要先做它的作业；喜欢的，留在最后做。阳阳刚开始不明白，慢慢地，他发现比较不喜欢的变成喜欢的了。

当然，一些曾经喜欢的，变得不太喜欢了。此时，阳阳会调整习惯，继续先做不太喜欢的。阳阳知道，不太喜欢的，做作业速度慢。为了加快进度，必须更加用功。否则，后面喜欢的也没时间做了。无形中，阳阳加大了对弱科的学习力度。

阳阳一直坚持这种方法，各科成绩比较均衡，没有明显的偏科迹象。九门课程中，哪一门落后了，他就先做哪一科的作业。为了加快进度，他得多看该科的书，多翻阅资料，这些过程都是学习。相对来说，喜欢做的科，他觉得容易，不翻书就快速完成了。

真正的尖子生，那些全校第一名的人，都是均衡学习的人。他们在九门功课中从不放弃任何一门。能够均衡各科的学习，才能在总成绩中时刻领先。

教子建议

1. 不太喜欢的科目，要更加重视学习。孩子对各科喜欢程度不同。喜好反映了偏科的苗头，一些不太喜欢的科目，是偏科的苗头，要更加重视学习。孩子总是重视不太喜欢的科目，先做该科的作业，慢慢地，也变得喜欢了。

2. 不要将大量时间花在优势科目上。越是优势的科目，孩子越是喜欢，总将太多的时间放在上面。孩子宁愿攻克优势科目的高难度题，也不愿花时间补弱科的基础题。这种学习方式，会导致偏科越来越严重，最终影响孩子的总分。

3. 一旦出现偏科，要采用各种方法补救。偏科一旦出现，不能放任不管，让它越来越差。相反地，要多花时间，用各种方法补救。自己补习、做题、请家教等都行，只要能补上偏科，都应该积极实行。

16. 课堂笔记是个宝

每一堂课，知识脉络都可由笔记反映，重难点也能清晰呈现。笔记是复习的宝典，给孩子的复习点明了关键点。

随着年级的增高，阳阳与课堂笔记关系越来越亲密了。

每个学期下来，他会精心保存这些笔记本，他说："这里，有我的汗水、心思。"

阳阳在小学阶段，笔记还记得不多，主要记在了书上。

初中一开学，他就回家说："妈妈，给我买十个练习本，要质量好一点的，我要记笔记了。"看阳阳的神情，有点儿新鲜、兴奋，他正为尝试一种新的学习方法而跃跃欲试。

我告诉他，笔记要记思路、记重点，老师板书的大纲，一定要清楚记录。如果听、记出现了矛盾，要先听再记。每一个知识点，时间够的话，可记记自己的看法、体会和联想，可用"符号法"记，自己明白这个符号是什么意思就行了。例如不懂的，可标示一个问号。

阳阳拿到新笔记本后，很珍惜，他郑重、细致地，在每个封皮上，写下了各科的名称。

时不时地我会看看他的笔记，夸他记得好的地方。有一些细节冗长的地方，我也指出来，让他别记那么细，以免影响听课质量。

慢慢地，阳阳的笔记，变得字迹工整、思路清晰、重难点分明了，成了辅助他学习的好工具。无论是做家庭作业，还是考前复习，他都把笔记拿出来，摆在最前面参考。

阳阳上高中后，成了班上的尖子生，许多同学喜欢借阅他的笔记。有一些人还把他的笔记打印下来，作为自己的参考。

我告诉阳阳，如果同学需要，不要吝啬，要热心帮助他们。

后来，阳阳在高考中取得了好成绩，考取了他梦想中的清华大学。学校的老师专门找到他，要求影印他的笔记本，给学弟学妹们做学习资料。他的笔记成了一个宝。

老师说，阳阳的笔记，简明扼要，重难点清晰。各门功课的学习思路、重难点都能呈现，又比老师的板书简略，能为学弟学妹们做参考。

课堂笔记是个宝，它是课堂学习的重要资料。每堂课学了什么，学到什么程度，学的具体情况，都能通过笔记反映。随着课程的加重，没有笔记帮忙，孩子的记忆力，将无法囊括多门功课的课堂讲说。

教子建议

1.提醒孩子,要重视记课堂笔记。许多孩子在学习中不注重记笔记，这种习惯会增加学习耗能。记笔记，是一种好的学习方法，善于记笔记，能辅助听讲、做作业、复习三个学习环节。省去孩子大量学习时间，还能提高学习效率。

2. 教孩子如何记笔记。刚接触笔记，需要更多的指点。首先，要记思路、记重点、记板书的纲目、记重要图解及表解、记典型事例，及书上没有的内容。其次，记自己的看法、体会、联想，可用"符号法""批语法"。最后，记下没听懂的问题。

3. 提倡孩子充分利用笔记辅助学习。笔记是一个工具，有了好笔记，还要善于利用。每天的课后复习、课后作业，要参考笔记找思路，记背重难点。考试时，利用笔记帮自己梳理思路，复习重难点、薄弱点。唯有如此，笔记才能真正变成宝。

17. 不要这样记笔记

记课堂笔记，完全是一项技术活。

阳阳刚学记笔记，也犯了不少错误。

最初，他非常重视笔记，热情度极高，恨不得记下老师所有的话。刚开始，他觉得有时候老师的话很重要，语速又太快，就用录音笔，把老师全堂课录了下来。

那天晚上，我见他一边对录音，一边修订笔记。

我忍不住告诉阳阳笔记很重要，但他只是一个学习辅助工具，不可舍本逐末。课堂上一定要以听为主，要听完整的系统。如果太注重笔记，只管记录，会割裂知识的连贯性和系统性，会听不懂老师讲的知识点。

那一晚，我和阳阳聊了半个小时。

此后，阳阳再也不用录音笔了，他恢复了认真听讲的习惯。

还有一段时间，阳阳用笔记练起书法来了，特别注重字迹。下课后他没记全的，就借阅别人的笔记。我检查时发现了这个问题。马上叮嘱他，笔记最好自己记，别抄别人的。自己最有印象，认为最重点的东西，记录下来才能加深学习印象，不可拘泥于字迹。

记笔记时，阳阳自己也发现了许多问题。比如，刚开始记得太满没留空白，以至于后期要补充时，没有地方可写了。他自己摸索，采用每页留1/4的做法，右侧的边框留出来，方便他补记。

同学中有谁的方法好，他也积极借鉴。慢慢地，他有了一套自己的记录法，记得快、记得全，还不耽误听课。

阳阳有个好习惯，他一直在总结、改进自己的笔记。和别的孩子比，有些人从初一到初三，笔记记录一个样。阳阳在这三年里，课堂笔记的记录有了质变。后来，大家常借阅他的笔记，连老师出题也参看他的笔记本。

课堂笔记不能一成不变，一定要不断总结、改进。记录中，肯定会有许多毛病，这些都会影响笔记质量。随时发现、随时改进，最怕的就是不愿去发现、改进。

教子建议

1. 笔记不能当任务来记。笔记不是任务，如果当成任务记，则会敷衍塞责，浪费学习时间，也导致笔记无大用。笔记是用来巩固记忆的，课堂中每一个知识点，都可通过笔记记录下来。日后，只要翻阅，当初的记忆全回来了。

2. 时常审查笔记，寻找可改进点。笔记记完了，不要扔下不管，考试时才拿出来参对一下。这样记笔记，会导致漏洞越来越多，笔记也一成不变，效用很低。时常审查，随时改进，才能通过笔记使听课效率倍升，使复习效率倍升。

3. 善于借鉴他人的好习惯，博采众长。笔记是孩子听课习惯的反映，个人差异会很大。平时，鼓励孩子多参阅他人的笔记，借鉴各种好经验和技巧。孩子多尝试、多借鉴，能博采众长，把笔记记得越来越好。

18. 学习是一场较量

阳阳的学习任务一天天繁重后，我不再过多具体地指导他，我只给他营造一种氛围。我和苏宁从小都是学习尖子，我们刻意避免在无形中给阳阳太大的学习压力。我们希望给他一个鼓励、支持、肯定的学习氛围。

学习过程中,阳阳的每一点成绩,都浸润着我关注、支持的目光。

上初中后,功课一下子多了起来,添了许多新课。阳阳既新鲜,也对各科各有偏好。这是他的关键期,如果偏科,将来会追赶得很艰难。

每天吃晚饭时,我和苏宁会跟阳阳聊天,听听他讲的学校趣闻,讲一些学习中的事。我也会问问他,最喜欢哪个老师,最讨厌谁,为什么?我发现,孩子喜欢或讨厌老师,多半都带有浓厚的个人色彩。

阳阳说:"物理老师太木头了,上课很少见他笑,一笑可以吓死人。"为此,他比较讨厌物理。我听后赶紧解释,这是老师把精力集中在讲课上了,比较忽略面部表情,每个人都有自己的个性。

我告诉阳阳,要想学习好,就得学会悦纳每个老师的缺点,多看看他们的优点。对任何老师有负面情绪了,一定要自己先调节,不要带着情绪学习。

阳阳在学习的路上,精神上的障碍比学习障碍更多。

生活中的每一件小事,都可能影响他的学习情绪。每每这个时候,我总是鼓励他,让他平静下来,别把学习落下了。

我们的鼓励、支持和肯定,让阳阳有了精神上的动力。他的学习态度比较端正,慢慢地,他把学习中的追逐,当成了一种人生乐趣。每攻克一个难题、超越一个竞争对手,阳阳都感到兴奋、激动,非常有成就感。

后来,阳阳能稳居尖子生宝座了,他就与自己较量。比如,上一次是96分,虽然也是第一名,但他希望下次能考满分。

学习不仅是一场智商的较量,更是情商的较量。"态度决定一切",一种积极愉悦的心态,才能支持孩子努力学习,战胜各种精神障碍,直到完成学习任务。

教子建议

1.鼓励孩子战胜坏情绪,积极愉悦地学习。孩子不能机械地学习,要积极、主动、富有情感地学习。只要进入学习状态,总伴随着情绪的波动。孩子要善于调整情绪，在积极愉悦中学习。学习在孩子眼中是一件乐事，才会不辞辛劳、废寝忘食地去学。

2. 摆正学习态度。态度决定一切，孩子认定学习是自己的事，才更愿意积极学习。从小就要努力引导，让孩子为自己学。父母要慢慢放手，别让孩子误认为，他努力都是为了父母。

3. 勇于与自己较量，不断超越自我。学习过程中，孩子勇于与自己比，才能在落后时不自弃、进步时不自傲。学习过程中，或自卑或自傲，都是由于错误的比较。应鼓励孩子自己和自己比，为每一次进步而欢呼。

八、价值观修行：父母三观正，
　　　　　　　是一个家庭最大的福气

1. 引导孩子的饮食观

幼儿期，许多父母喜欢把爱倾注到孩子的饮食上。每天一进门，准是问："孩子吃了没？吃的什么？"

在我们家，每天苏宁一下班，也照例问我："阳阳今天怎么样，吃了几次？"我则如实报告，然后他心满意足地去干其他事了。一直以来，我坚持用母乳喂阳阳。为了他，我请了半年的产假，把公司的工作也搬到了家里。

每天，我都精心照料阳阳的饮食。他三个多月时，我开始添辅食，每天用蛋黄蒸一个蛋羹喂给他吃。四个多月时，开始吃米粉和果泥。半岁时，就开始吃各种菜泥了。

平时我做饭，总会把菜炖软一点儿，给阳阳一点儿。他尝到不同的滋味，也慢慢对大人的食物产生了兴趣。他爱吃，我就喂他一口，他不吃，我从不强迫他吃。

两岁左右，阳阳能稳稳地抓勺子了，我就让他上桌子吃饭。刚开始，他东挑一点，西挑一点，弄得满桌子都是。苏宁见了抱怨说："看着他吃，我都吃不下了。"他嫌弃阳阳弄得太脏了。我没同意，继续让阳阳上桌子吃。几个月后，不用我帮忙，阳阳能自己吃了。

餐桌上，我从不强调阳阳必须吃什么。每一顿饭，我都荤素搭配着做，菜上桌子后,吃什么是阳阳的自由。我只是偶尔跟苏宁讨论,说吃哪些东西对身体怎么好。阳阳听多了,也烂熟于心了,还主动教别人这些常识。

我们家常备着各种水果、坚果类的零食。但是像一些糖果、膨化类的食品,我很少购买。阳阳一天只有两块钱的零花钱,如果他想吃,也只能少量地购买。

总之,在饮食问题上,我一直暗暗调控着,没有正面摆出来监督着阳阳。吃的方式、吃的习惯,我以引导为主。我和苏宁都提倡,吃五谷蔬果类的食物好,不喜欢吃商业化、快餐化的食品。渐渐地,我们的喜好变成了阳阳的饮食喜好。

孩子正在长身体,饮食关系着健康,的确很重要。但是,孩子得树立正确的饮食观,养成良好的饮食习惯,才能照顾好自己。父母不能只抓饮食细节,忽略了饮食观的培养。

教子建议

1. 父母应以身作则,纠正不良饮食习惯。其实,父母身上也有许多饮食偏好。例如,明知喝酒不好,父亲却无法抗拒酒精;妈妈喜欢的菜,则常在餐桌上出现等。父母饮食健康,不挑食、偏食,就是给孩子树立榜样。

2. 早日帮孩子树立健康的饮食观。饮食习惯,多在幼年期形成,并影响孩子的一生。喜欢吃什么,提倡怎么吃,就是饮食观。例如,爱吃水果蔬菜,爱吃肉蛋禽奶,爱吃快餐等。总之,早日树立健康的饮食观,孩子早受益。

3. 控制孩子的零花钱,定期定量地给。爱吃零食的孩子,零花钱都不少。父母给钱不定期定量,孩子何时要,何时给,要多少,给多少。零食中含糖、盐、脂肪高,含多种添加剂、色素,长期大量食用,会影响身体健康。

2. 别将焦虑转嫁给孩子

父母自我期望值高，对孩子的期望值也高。

一旦有了孩子，出于种种原因，孩子成了父母证明自己的工具，而不是独立成长的个体。孩子成功了，自己才更有脸面。这其实是一种怪圈，常常令孩子非常痛苦。

阳阳上小学后，渐渐弄明白，父母的学历都很高。爸爸是名校博士生，妈妈也是名校毕业。他八岁时，有一天慎重地问我："妈妈，要是我以后考不了好大学，你们是不是很丢人。"

我清楚地记得，我当时说："阳阳，你将来做什么，是你自己的人生，是不是读大学，读什么大学，也是你自己来决定。你千万别因为我和爸爸，而有心理压力。"

阳阳听后，诧异地说："不是吧？我们班上的毛兵，父母都是博士生，毛兵学习可用功啦，一心要考第一，将来要和他父母一样。"

我说："是吗？那是毛兵自己想和父母一样啊，如果你想这样，我也会很高兴的，但是如果你不想，我们不会强求你的。"

刚上小学，阳阳成绩并不拔尖，尤其是数学，每次考 80 分左右。有一次，老师找我谈话，想让我抓一抓阳阳的数学。当时我拒绝了，我说："我不能一直抓着他不放，他得发自内心地想学好，我才会帮他抓一抓。"

后来，阳阳把毛兵当成学习竞争对手了，他开始主动学数学。他主动学习后，不到半年数学成绩就赶上来了。

我知道社会竞争压力大，阳阳当时的数学成绩的确不算好。如果我将自己的焦虑转嫁给他，逼着他去学，他可能会更加讨厌数学。

父母是高知，常希望孩子能更上一层楼。社会竞争压力大，父母就希望孩子能事事优秀。自己在不停成长时，希望孩子能同时成长。这些心理是在将焦虑转嫁给孩子。

教子建议

1. 孩子要跟自己比，而不是父母。孩子成长中，真正的参照物是自己。如果父母比较成功，事事拿自己跟孩子比，会给孩子很大的压力。父母的成绩，是几十年努力获得的。孩子的人生刚开始，他们没有资本与父母比，高标准会压垮孩子。

  2. 成功很重要，成长和快乐更重要。高知父母对孩子的成功很重视，一出生就希望孩子赢在起跑线上。一方面，能让孩子受到良好的早期教育；另一方面，容易出现揠苗助长的现象。成长和快乐，是孩子童年最珍贵的东西，成功是其次的。

  3. 孩子表现差，别打击、训斥孩子。成长过程中，孩子表现差的时候，本身会有压力。如果父母再训斥，只会加重孩子的精神负担。孩子表现差需要父母的鼓励，给他宽松的表现氛围，这样才能培育孩子的自信。

3. 低物欲感、高孤独感的一代

  当代家庭往往刻意为孩子营造一个优越的物质生活环境。

  这种家庭的孩子，父母社会地位比较高，孩子走到哪里都被宠着。在家里，手机、电脑都不缺，零食、玩具都是高级的。似乎在物质上，这一类孩子没有太强的"饥饿感"。

  好玩的、好吃的、新鲜事物，只要被父母们知道了，都想第一时间带孩子去体验一番。一来，开阔孩子的眼界；二来，把这当成爱孩子的手段了。

  物质、宠爱，这些孩子都不缺，剩下的就是"好好读书，考个好学校，像父母一样了"。总之，提供的一切待遇，是为了让孩子超过父母，至少不能比父母差。

  刚上幼儿园，就得比识字率、比口语、比艺术技能。总之，父母是不惜金钱，非常愿意在教育上投资，一心想打造黄金宝宝或全能人才。

  朋友阿新和他的儿子小权，正是过着这种生活。

  有一天，小权到我们家玩，他对阳阳说："活着真没意思，好没劲。"

阳阳一听，马上愣住了。小权解释说，每天他多半时间一个人在公寓里，先练琴，再练画，再读书。每天，妈妈都把安排定好了，他得一项项遵从。

阳阳听着听着，开始同情小权。原来小权连泡泡糖都没吃过，更别提玩玻璃球、跟一群孩子玩角斗士了。在小权父母眼中，泡泡糖是垃圾食品，那些游戏是浪费时间。

晚上，阳阳跟我说，小权真可怜。

我笑着说，人家也办画展了，水平不输给你。他还会弹钢琴，你不会吧？班上好多孩子都羡慕小权呢？他怎么可怜了？

阳阳一撇嘴说："哼，就是可怜，真可怜。"

其实，我也同情小权。我生活的圈子中，许多朋友正是如此教育孩子的。他们追逐这些东西的同时，有一种自豪感和满足感。他们觉得，这是为孩子铺设金光大道，可是忽略了孩子的幸福。

孩子身上的技能越来越多，孩子拥有的物质越来越多，孤独感却越来越浓。孩子是什么？是父母逐梦的工具吗？许多优秀父母的子女一出生，就承受着更大的压力，他们活得很累。

◆ 教子建议

1. 关注孩子的精神世界，呵护他的心灵成长。人是怕孤独的，包括孩子。孩子的精神世界不被关注，就会积聚各种负面情绪。它们滋生自卑、放弃和绝望。很多成绩优异、技能突出的孩子，因一次失败而自杀，正是精神世界荒漠化导致的。

2. 给予物质，并不是给予爱。孩子的物质越多，自我越被压制。一个人真正的幸福，是精神自我能充分施展，并不是拥有各种物质。父母若以为满足孩子的物质需要就是给予爱，那只会令孩子越来越孤寂。

3. 别让自己的优秀，夺走了孩子的幸福。有人说，工人的孩子比教授的孩子更幸福。工人的孩子考了80分，父母会夸他能干。教授的孩子考了90分，还常被人笑话，被父母责难。似乎他们天生就要考100分。别让父母的优秀，夺走了孩子的幸福。

4. 高知家庭易出教育型家长

家庭教育中，高知父母更喜欢当"老师"。

因为知道得多，孩子在成长中一旦出现纰漏，教育型家长就现身了。

爱是一种感性温暖的东西，一旦教育性太重，就变得严厉而理性了。父母的初衷是爱孩子，让他知道得更多。可一旦变身为"老师"，爱就大打折扣了。

有一次，我约了几个朋友，大家带着孩子去游乐园玩。一行人多是高知，刚到游乐园，我就发现特别扭。原来大家都忙着"循循善诱"地教孩子呢。

陈米一岁多，妈妈抱着她，指着围栏上的图标说："宝宝，看，这是小老虎，有黄黑相间的花纹，肉食动物，属猫科……"我在一旁听了直说："她懂吗？"陈米的妈妈说："这叫潜意识记忆，她现在接触了，以后会学得更快。"

还有一位更厉害，她的孩子刚三个月，她正抱着儿子，指着宣传条幅，一边指，一边念给儿子听。小家伙东张西望的，肯定以为妈妈在唱歌呢，总之，他不感兴趣。

一路上，我发现，大家都非常会"教育"。任何小细节，随时发现了，就随时教育。

有一个三岁的孩子，想滑滑梯。妈妈见了，就站在下面，从路线、坐姿、心态，一一指导了一番。我数了一下，不到两分钟，她的"指导"高达十五次，其中"不"就说了八次。

我一直牵着阳阳，他走到哪儿，我就跟到哪儿。一路上，都是阳阳在指导我，让我快点儿来，让我给他递水，让我帮他拿东西。一行人中，我成了最轻闲的一个。有位妈妈见了对我说："你儿子挺能干的啊，真会玩，不像我那位，什么都得我操心。"我听了，只好无奈地笑笑。

父母越能干，在孩子犯错时，越忍不住想指导。指导一多，孩子的主见就少了，常常被"指点"，会损伤孩子独立做事的自信，若"指点"太严厉，还会徒增孩子的精神压力。

教子建议

1. 孩子犯的错,是成长的铺路石。不完美,正是成长的契机。孩子一遍遍摸索,不断总结经验,就能达到完美。每一次小进步,都在激发孩子的成就感,让孩子更自信。别怕孩子犯错,要宽容他的错误,这样孩子才能轻松成长。

2. 爱是让孩子自由摸索,不是一味"指点"。真正爱孩子,就别破坏他的自主性,打消他的探索欲。孩子的自由行径,一旦被"指点""干涉",就容易破坏了他玩、探索的兴致。严重时还会激起逆反,熄灭孩子玩的欲望。

3. 父母要求太严,会让孩子心理压力大。教育型父母,希望孩子事事达标。一旦违背,轻则一遍遍指点,重则指责。孩子常被指正,自信心会受挫,有父母监控着,心理压力也会倍增,害怕失败。这些心理,不利于孩子去探索,并自由地成长。

5. 妈妈要会"四装"

妈妈太优秀,事事都会,非常厉害,孩子往往会很"弱"。

高知妈妈,一般是高收入阶层,但要学会"装穷"。各种物欲的冲击,孩子往往会眼花缭乱、心痒难耐。若事事满足孩子,能给他一时的快乐,但太容易得到了,孩子就学不会珍惜。

孩子张口要玩具、要零食、要各类新潮物件,妈妈要捂好口袋,装得很穷、很吝啬。别让孩子觉得,我父母很有钱,我要什么都能有。

有了阳阳后,我在生活中提倡简约,东西够用、质量好就行了,奢侈的、攀比的,我们不提倡。

虽然我和苏宁知道的不少,事事都能拿一个科学诊断出来。但是,我们很少跟阳阳卖弄学问。有一些问题,阳阳犯错了,我们会让他自己去找答案。时不时,我还故意犯一些低级的知识错误,让阳阳发现,让他得意地揪住我的"辫子"。

常常有人说:"阳阳,你爸爸妈妈脑子都很聪明呢。"阳阳却不认同,他觉得,我和苏宁非常笨,常常犯错。

生活中,我常常犯一些低级错误,例如拧不进螺丝钉啦,装不上灯泡啦。阳阳见了,就会自告奋勇地帮助我。一些家庭事务,我和苏宁也邀请阳阳讨论,听听他的意见。他讲得好,我们就夸他厉害,按他的来。

阳阳常说:"你们太弱啦,看我的。"我俩就傻愣着,目睹阳阳的"英雄行径",然后拍手叫好。慢慢地,阳阳长大了,我们则直接委托他负责一些事务,让他去做主人翁。

平时,我或苏宁病了,从不在阳阳面前掩饰虚弱和痛苦。阳阳见了,常会主动地嘘寒问暖,照顾我们。我告诉苏宁,千万别推辞,要接受阳阳的服务。阳阳明白了,爸爸妈妈也有虚弱的时候,也需要他的照顾。

装穷,让孩子学会了珍惜金钱,不盲目攀比;装笨,让孩子有了自主学习的信心,不依赖父母;装弱,培养了孩子的自立意识、动手能力;装病,让孩子学会了换位思考和感恩。

教子建议

1. 孩子能成长才是第一位的。父母展示金钱、才学都是次要的。家庭生活中,能让孩子成长,才是第一位的。上述几项,过度展示后,往往会抑制孩子的成长,让孩子失落、自卑、怯懦。

2. 孩子能自立,才能掌控自己的人生。孩子唯有自立了,能不依赖父母的金钱、才学、实力之后,才能真正掌控人生。父母在教育时,要鼓励孩子独立,鼓励他比父母能干,不事事依靠父母,这样孩子就能越来越自立。

3. 放手就是帮助,不过度搀扶就是爱。"四装"是在强调放手,让孩子自己来,做自己的小主人。其实,放手就是帮孩子成长。凡事孩子能自己来,就是一步步走向成熟。父母不过度搀扶,让孩子成长,才是真正的大爱。

6.学的多，并不是精英教育

当代妈妈似乎更关注精英教育。从娘胎里，精英教育就开始了。一出生，更是处处小心，一心要培养全才宝宝。

我见过一个广告界的白领陈雅，女儿从三岁起，她就开始全才教育了。她不惜重金，将钢琴、绘画、跳舞、围棋、游泳、击剑等培训班给女儿报了个遍。她告诉我们，女儿未来五年的计划，她全安排好了。她的女儿，一定要培养成一个品位高雅、什么都会的淑女。

有一次，我带阳阳去培训绘画班，见到了陈雅的女儿丝丝。丝丝穿得很漂亮，被妈妈领着，走进了画室里。开始绘画时，丝丝拿着笔，漫无心思地乱画着。不一会儿，她不听老师的，自己在纸板上涂起颜色来了。

我和老师聊天时，老师表示，丝丝这孩子，其实挺聪明的。但是她好像不喜欢绘画，是因为怕妈妈责备才被迫来学的。老师也想过一些办法，就是提不起丝丝的兴趣。总之，在培训班里丝丝的成绩不上不下，刚刚中等。丝丝妈妈觉得，这样就不错了。

我的生活圈子里，有许多朋友也非常热衷于给孩子报培训班。最初，我也有过这种想法。我还帮阳阳报过几个，但我马上发现，阳阳只图新鲜，并不是真的喜欢。后来，我就渐渐退了这些培训班。好在绘画这一项，是阳阳一直喜欢的。我便决定督促他一下，让他一直学下去。

学的多，学不精，并不能称为精英教育。孩子都有自己的个性，有独特的兴趣点。只有找到孩子最喜欢的，专注地学下去，他才能真正成为人才。

教子建议

1.父母不要跟风报培训班。一直以来，在培训班问题上，许多父母都喜欢跟风。时不时，还会出于攀比而报培训班。这样的培训，效果是非常差的。别人孩子学的，自己孩子并不一定适合。广告说得好的，并不一定孩子喜欢。报班的问题需要理智。

2. 培训内容应由孩子自己选。报培训班，最好根据孩子的意愿。孩子同意学，喜欢这一领域，才能鼓励他去培训班。兴趣是先导，强制性的培训，容易遭到孩子的反抗。父母想给孩子报班，一定要考虑孩子的兴趣。

3. 不是花了钱，孩子就学到东西了。有时候，父母觉得出了钱，把孩子交给培训班，自己的教育使命就完成了。其实，孩子能否学到真东西，是多种因素共同起作用的。孩子要有兴趣学，要不断得到父母的赏识，要能自我坚持，这样才能学到东西。

7. 别让"放养教育"过了头

当代妈妈们更愿意采纳新的教育理念，比如"放养教育"。

我有一位朋友，夫妇俩都是博士，在一所知名高校任职。儿子小丁四岁时，丈夫去欧洲留学，妻子带着小丁也过去住了两年。

一回到中国，夫妇俩的教育理念，就完全转变了。他们说，国内的孩子被管得多、管得死，非常不利于个性发育。夫妇俩一致认定，对小丁实行"放养教育"。

生活中，儿子不喜欢的事，他们从不强求他做。一切生活事宜，采取不设杠杠、不打压的政策，任小丁自由发挥。

小丁的个性，在放养中慢慢成形了。一进幼儿园，大家马上发现，小丁与大家都不同，是个"狂伢"。小丁没有任何规则意识，目中无人，谁都不放在眼里。上课过程中，他经常大声直呼老师的名字，指点老师的错误。

不到一个月，幼儿园决定让小丁换一所幼儿园。老师说，有他在教室课堂纪律全乱套了。他乱跑乱打，一切以自我为中心。

朋友夫妇听后，再看看儿子，这才发现在过度放养中，忽视了对小丁规则意识的教育和培养。

"放养教育"是一个系统的教育理念。除了提倡孩子的个性自由外，也注重规则意识、礼貌意识等社会品质的培养。总之，正确的"放养教育"，是能帮孩子成功融入社会、最大限度地施展个人价值的教育。过度放养，则是扭曲了"放养教育"的理念。

个性发育很重要，但集体意识也不能少。人是社会的动物，需要与各种人分享、合作，才能实现各种目标。只重视自我个性，不重视合作意识、规则意识的培养，也会出问题。

任何教育方法，都不能原封不动地照搬。再好的理念，也要充分弄清它的定义、手法、原则后，再来引导孩子。只知皮毛、不知精髓的套用，会导致误导现象。

教子建议

> 1. 放养教育，不是放任自流教育。放养教育，有利于培养独立、自主的孩子。但是放养像放风筝一样，一定要牵着线。父母要用规则、道德等原则性的东西，束缚孩子的过度行为。任何时候大家都遵守的规则、人人都倡议的美德是一定要遵从的。
>
> 2. 尊重个性，也要尊重规则。尊重孩子的个性，是教育过程中的进步。许多中国孩子，的确缺乏个性教育。但是，能不能融入集体，被整个社会接纳，同样是一种重要的生存能力。孩子只重视自我个性，忽略其他，同样是一种残缺的人格。
>
> 3. 学习西方教育理念，不能只学皮毛。西方教育崇尚民主、个性、独立，培养了许多优秀、阳光、幸福感强的孩子。但是，这是一种整体的文化氛围，需要了解其精髓后，才能根据中国的实情拿来教育中国孩子。

8. 别过早刺激孩子的智力

小小年纪，识字率很高，会两三国语言，是好事，是坏事？

如今，许多高知家庭，特别重视孩子早期智力的开发。一岁左右，就开始识数、识物。两岁时就开始识字、学外语。三岁就能背很多古诗，会几国日常口语。

这类孩子，是神童？

不是，他们只是过早地被开发了智力。

我有一位朋友，是留洋回来的，会美、德两种语言。有了孩子后，也特别重视教育问题。平时在家，夫妻俩都是用三语交流，中文、英文、德文。他们的儿子洋洋四岁多，也能说三国语言。大家见了，都流露出羡慕的神情。

洋洋进幼儿园后，却出现了怪现象——咬人。为此，他咬伤过几个人，被幼儿园尝试退园，但没有成功。

上课时，洋洋总爱跟老师说反话，老师说东，他就说西。活动课上，洋洋的动手协调能力较差，自理能力也比一般孩子差。但是洋洋非常好胜，凡事都要争第一。

老师发现，洋洋的行为比较怪异。这个孩子从知识掌握上来说，是非常超前的。拼音、数字、英文方面，他都表现得不错。但是，在人际交往、动手能力等技能上，表现比较差。出现"咬人"事件后，老师觉得洋洋的心理不正常。

洋洋有点儿排斥"新信息"——老师的命令、他人的人际互动请求、新的动手指令等，洋洋都喜欢逆着来。"咬人"正是异常交往的表现。

原来，洋洋从出生后，就一直被灌输各种知识信息。婴儿期，定期听启智音乐。幼儿期，识数、识拼音、识字、练口语。这些信息的刺激，让洋洋被动地记住了"知识"。

如今洋洋长大了，本能地想保护自己，防止被"新信息"刺激。

这正是洋洋与老师唱反调、讨厌自理、喜欢咬人的深层次原因。

太早过分刺激孩子的智力，他的学习能力，只会停留在肤浅层面。孩子学到了东西，并不一定理解它的内在含义。这种学习是一种被动学习，容易导致孩子的腻烦心理。

> **教子建议**

> 1. 别被动灌输知识，鼓励孩子主动求知。孩子因好奇心，本能地爱学习。一些新、奇、异的事物，孩子主动求知，才能获得更形象、立体化的知识意蕴。父母若被动灌输，孩子只识字母，不懂其含义，不算真正地掌握了知识。
>
> 2. 除了掌握知识、培养能力，获取技能更重要。孩子识数了、识字了，在学习成绩上，可能暂时领先。但是，基本的自理能力、动手能力、思维能力，却不能靠灌输获得。这些东西是孩子一辈子都需要的，比知识更有用。
>
> 3. 学习能力比学到的知识更重要。与其过早地刺激孩子，教给他各种知识，不如培养他主动学习的能力。一个新事物引起了孩子的兴趣，孩子主动求证直到掌握它。这种能力就是一种主动学习的能力，比学到的知识作用更大。

9. 别忽视孩子的理财教育

现在很多家庭，经济上宽裕，对孩子也大方。

吃的、穿的、用的，都会选好的。别人有的、电视上推广的、新潮的，都能轻易满足孩子。一时间，孩子变得非常低物欲。

更重要的是，父母重视教育，把孩子的时间安排得很紧，紧到没时间花钱了。

我有位同事，儿子叫小宁，十二岁了。每个月，小宁会通过洗碗、扫地、擦桌子等家务事，从父母那里挣20块钱的零用钱。这一点，我那位同事是跟人家美国人学的。美国人提倡孩子要花钱自己挣，这样小宁就自己挣钱了。

同事却发现，小宁每个月的20元，常常一分都花不出去。

原来，每天家里正常供应零食、水果，小宁不需要自己买。许多玩具、学习用品，父母早准备好了，小宁不用操心。

一到周末，小宁的行程更满。星期六上午上数学补习班，下午去补外语，准备将来出国。星期天上午补作文，下午得做家庭作业。好不容易作业写完了，同事见了马上说："今天挺快的啊，来，这儿有张卷子，去做一下。"

　　两天里，小宁除了学习，还是学习。小宁说："我没时间花钱。"

　　小宁这样学，成绩一直不错。同事一时间也忽略了理财的问题，反正小宁现在还小，也不需要理财。

　　这种事情，同事一直没放在心上。直到小宁如愿以偿，出国留学时，同事才发现，小宁在理财上完全不懂。每次父母给的钱，他总是控制不好，花得太快。小宁在国外买东西，从不看价格，总是想要什么就买什么。

　　小宁常常钱不够花，不是给的少，是他完全不会管钱。他不懂合理消费，更别提其他理财常识了。

　　理财能力，是一种重要的生存能力。孩子学习再好，还是为了将来能好好工作，实现个人价值的同时赚钱养活自己。理财能力并非天生，成年后再学会晚很多步。

▼ 教子建议

　　1. 从小就应重视培养孩子的财商。理财教育越早开始越好。日常生活中，要教孩子如何合理消费、如何储蓄、如何投资。有机会要让孩子亲身实践，与金钱直接打交道。孩子在接触金钱时，能更深刻领悟父母传输的理财常识。

　　2. 多给孩子一些管理金钱的机会。孩子要有自己的零用钱，要有自己的消费目标。平时，父母不可事事操办，让孩子有钱无处花。一些在孩子能力内的财务活动，例如去银行存压岁钱、去商店选购全家人的生活用品等，都可适当交给孩子去办。

　　3. 一些孩子的物品，让他自己去买。孩子的物品，例如学习用品、零食、玩具、礼物等，可让孩子用自己存的零用钱去买。孩子在花钱上，父母可引导，如何节约钱、如何货比三家、如何将多余的钱存起来，满足中长期消费目标，教孩子理财。

九、经验修行：从名人育子经验中汲取能量

1. 杨澜谈育子——不做神童，做个快乐的人

杨澜，作为一位成功女性，她身上有太多的光环。同时，她也是两个孩子的母亲，在教育孩子的问题上，杨澜的许多育子方法，值得妈妈们借鉴。

杨澜有一个"美国儿子中国女儿"的妈妈梦。1996年，她在美国生下儿子，2000年，她在上海生下女儿，杨澜的妈妈梦实现了。

（1）成长的关键期，多陪伴孩子

作为一名高知女性，忙碌是杨澜生活的主旋律。她常常各地飞来飞去，常出差让她与孩子的相聚时间，一点点被挤压掉。

母亲在孩子成长的初期，作用非常重要。这一点，杨澜也非常清楚。在事业和孩子之间，杨澜也常常权衡利弊。她说，她在孩子成长的关键期，一直都陪伴着。

两个孩子出生后的前几个月，杨澜坚持喂母乳。这一点，对如此忙碌的她而言，能坚持做到是非常不容易的。孩子出生后的几年里，杨澜也坚持自己带孩子。她希望在孩子最需要建立安全感的阶段，自己能陪伴着他们。

一次，杨澜出差，回来见到儿子时，儿子表情很丰富，先是把脸转过去，憋了半天，还是委屈地哭了。杨澜见一岁多的儿子哭，自己也落泪了。

后来,她为了儿子扔下所有工作,"命令"自己在家当了整整一年的"全职妈妈"。

这段时光,杨澜觉得非常值。作为一位母亲,她做得很对。

后来,孩子们慢慢长大了,杨澜为了多给孩子一点陪伴的时间,每次出差都会安排儿子去接机。回到家不论多忙多累,也会抽时间陪孩子聊聊天,认真倾听孩子的心声。时间充裕时,还会陪孩子看动画片、玩拼图、讲故事,一起运动,一起大喊大叫,一起流汗。

学校里,每次有家长会,杨澜也会争取参加。她的出勤率,甚至超过许多一般家庭的家长。

(2)不做神童,让孩子自然成长

一直以来,杨澜都觉得,不做神童也很好。儿子上学,她坚持选择普通的公立学校,而不是贵族学校、特色学校、国际学校。

杨澜说,不能因为自己的特殊,让孩子脱离了真实的生活。公立学校里,孩子们会生活在最接近社会现实的环境中,这样才能自然成长。

儿子在学习中,杨澜从未请过一次家教,也未做过任何校内功课外的辅导。杨澜说,她甚至不要求孩子的学习成绩拔尖。大家都知道,杨澜的英语很好,但她从未正经地给孩子做过辅导,或者强调英语的重要。相反,她提倡孩子们要学好中文,掌握优秀的中国传统文化。

公立学校中,应试教育的环境下,竞争激烈程度不言而喻。杨澜不想培养神童,而是让孩子自然成长。还好杨澜儿子的学习成绩一直不错,能保持前三名。为此,杨澜对儿子非常欣赏。

儿子曾对杨澜说:"我可是在参加一场不公平的竞争!"因为班里许多成绩好的同学,一般都参加课外补习,有的是奥数,有的是英语。他什么也没报,能取得这么好的成绩,更不容易。

学习上,杨澜其实是在淡化排名、个人利害得失等观念。她希望儿子看待分数能更无所谓。一直以来,她不想让孩子背上"神童"的重担。不希望因为父母是高知,给孩子带来学业上的压力。

许多高知家庭中,父母太关注精英教育,从而导致"揠苗助长"。

孩子被逼着做"神童",也就失去了享受自然成长、享受快乐的机会。

(3)衷心希望,孩子做个快乐的人

杨澜一直认定,孩子的成长过程中,快乐更重要。她希望孩子自己是个快乐的人,还能给人带去快乐。

杨澜觉得,运动能给人带来快乐,她提倡孩子们多运动。有时,杨澜也加入孩子们的运动行列,陪孩子滑冰、打网球。孩子们喜欢和妈妈一起大汗淋漓地运动。为了陪孩子滑冰,她曾摔坏了尾椎骨,伤一养好,她又继续奔向运动场了。

一个有幽默感的人,是拥有快乐思维,也能给人带去快乐的人。

生活中,杨澜很重视培养孩子的幽默感。平时,孩子们讲了幽默的话,她总会开心大笑,及时给予夸奖。为了增进亲子间的幽默氛围,她还常常陪孩子看卡通书、卡通片。大家笑作一团时,言语中就蹦出了许多幽默快乐的分子。

一个善于表达自己意见、情绪的人,会更快乐。杨澜重视培养孩子的表达能力,她鼓励儿子积极参与班干部竞选,积极为班里的同学服务。孩子与人发生矛盾了,她鼓励儿子积极沟通,独立解决问题。

对任何事情,她总鼓励孩子大胆表达想法。孩子有情绪了,即使是生气,她也会鼓励孩子,把自己的情绪表达出来。

孩子在成长中能做自己喜欢的事,才能体味到更多的幸福感。有一段时间,杨澜希望孩子能多一点儿艺术熏陶,于是安排他们学钢琴。没承想,同一个家庭里,儿子和女儿大相径庭。儿子学了不到一年,就打了退堂鼓,女儿却从一开始就迷上了钢琴,一直学了下去。

杨澜意识到,应该尊重孩子们的兴趣,她没有再要求儿子练琴。儿子喜欢画画,杨澜便跟儿子说:"能不能送妈妈几张?"后来,她把儿子的画挂在了办公室。她觉得这是对孩子兴趣的一种尊重,是鼓励孩子的创造性思维。

杨澜说,她心目中的"智慧妈妈",首先要懂如何科学养育孩子;其次要让孩子有一个平和的心态,要善于与人沟通,要自信、独立。最

重要的是，要给孩子一个有爱、有关怀的成长环境，这才是对成长最重要的。

2. 刘墉——让孩子自己去成功

刘墉，台湾省著名作家，以畅销书作家的身份，享誉华文世界。目前，他已出版了六十余种图书，总发行量300万册。

除了事业上的成功，刘墉还有一对优秀的儿女。儿子刘轩，是哈佛大学心理学的博士，茱丽叶音乐学院的高才生。小女儿刘倚帆，更是多才多艺，十五岁就夺得了美国总统奖。

在教育孩子的问题上，刘墉有很多感触，他通过书籍，讲述了他育子及育女的心得。"让孩子自己去成功"，提倡自由教育、快乐教育，是他养育女儿的心得。

（1）放手，让女儿做她想做的一切

刘墉的女儿刘倚帆，是一个被父亲呵护的小公主。刘墉觉得，以前自己对儿子事事安排，面面俱到，倒是培养了他做事不负责任的习惯。父母事事包办，会让孩子变得没有礼貌，不懂得珍惜。因此当他面对女儿时，刘墉变得特别温柔。

儿子刘轩，是在"强权教育"下，煎熬成长的。所以，刘墉和儿子的关系，常常处于紧张状态。儿子在成长中一度很痛苦，虽然最终儿子明白了父爱的深刻性。因此十七年后，他拥有女儿时，刘墉换了一种教育方法。

家庭生活中，刘墉注重对女儿的鼓励，让她充分享受自由，做一切自己想做的事。有一次，女儿坚持要去"草山音乐夏令营"接受魔鬼训练。那里条件简陋、培训严格，一向娇生惯养的女儿却坚持要去。

女儿主动要"受苦"，刘墉还是放手了。刘墉发现，每个人都有他的特质、他的优点，以及他走出去自己闯天下、自己去受苦的本能。这个过程中，人能找到自己的潜能，充分发挥特长，获取属于自己的成功。

女儿想在爸爸的放手中，努力靠自己去成功。这一点，是让刘墉非常欣赏的。孩子能做自己想做的一切，必受兴趣牵引，必能激发潜质。这样的追逐，这样的乐学精神，同样能达到最佳的教育效果。比起逼孩子去受苦、去学习，这种方式更容易被孩子接受。

刘墉曾对孩子们说，你们做什么我都支持，因为我希望你们快乐，因为这样我也快乐。

（2）让女儿自己管自己

一直以来，和管理儿子不同，刘墉管理女儿的政策非常宽松。为此，刘轩曾抱怨爸爸说："你为什么老是管着我，而对妹妹却那么温柔。"

有一次，都夜里两三点了，刘倚帆还在边听音乐边洗澡。刘墉见了，只提醒了她一遍，就不理她了。结果第二天上课时，刘倚帆哈欠连天，一整天都没精打采的。受到自然规律的处罚，刘倚帆马上明白了，规律的生活作息非常重要。

爸爸让女儿自己管自己，女儿也非常随意。常常是刘倚帆一边听音乐，一边上网，一边做功课。这种方式要是在一般家庭中，父母早就开始训斥了。刘墉却没有，他任由女儿自己选择如何行事。

刘墉觉得，女儿能一心多用，正好适应了这个资讯发达的时代。

正因为这样，刘倚帆常常趴在地毯上，一边看电视，一边写作业。但就是这样，刘倚帆在考试中，还是照样每科都拿A，令爸爸也非常佩服。

刘墉觉得，每一个孩子的情况都不一样，教育方法也不应该一样。哥哥刘轩，被爸爸称为一个"性能良好，但没有父母激励就不跑的好车"。女儿则不同，女儿是自发自愿，自己去学习喜欢的东西。

从一开始，刘墉在教育女儿时，就注意培养她的主动性。刘墉事事放权，让女儿自己管自己，就是要培养她的主动性。在这种引导下，刘倚帆在学习上、生活上，都主动自愿地事事管好自己。

（3）原则问题不放任自流

刘墉在女儿的教育上，奉行"放养"。但是，他把握好了度，在一些原则问题上，他还是严格要求女儿，从不放任自流。

刘墉曾说过，他希望女儿做淑女，也希望她做女强人。时代变化越来越快，孔武有力的男生不见得吃香，娇小的女孩子照样可以统治世界。时常，他也用教育儿子的方法来教育女儿。例如打球时，他从不谦让女儿，让刘倚帆也尝尝"输"的味道。

在学习中文这一点上，刘墉也是非常严格的。最初，他在教刘倚帆学习汉语时，她学得很随便。常常是读不准她就不读了，和爸爸嘻嘻哈哈地闹着玩。刘墉见了就会板起面孔，责令女儿一遍遍地读，不读准不准吃饭。

一向温柔的爸爸，突然变得如此严厉，刘倚帆觉得很委屈。但是，爸爸的态度也让她明白了，有一些事情，是必须坚持的。学习中文，是每个中国人都不容忽视的必修课。

女儿慢慢长大，在一些问题上，刘墉也没有完全放任自流，比如着装问题。

有一次，刘倚帆迷上了露脐装。看到女儿半截肚子露在外面，刘墉非常看不惯。但是，女孩子心思细腻，感情也相对脆弱。刘墉见了没直接说她，而是旁敲侧击地说："露肚脐的娃娃是可爱，可人不是没有温度的娃娃，这样会不会着凉感冒呢？"第二天，刘倚帆就恋恋不舍地换下了露脐装。

生活中，一些有关品德的事情，刘墉也是从严要求女儿。例如，礼貌问题、关心他人的问题、感恩心问题等。一旦女儿表现不好时，他会及时提醒，鼓励女儿积极改正。

3. 李嘉诚——培养孩子的独立人格

李嘉诚先生，在教育孩子方面很有见地。一直以来，他以"冷酷无情"的方式，将两个孩子逼上了自立、自强的道路。

两个儿子，在困难面前勇敢坚毅、不屈不挠，也成为商界出类拔萃的人物。

（1）注重诚信，不占人便宜

李嘉诚对两个儿子的教育，抓得非常早。从小他就要求儿子生活俭朴，不求奢华，在事业上要注重名誉，信守诺言。他特别教育孩子们，不要占人便宜，一定要考虑对方的利益。

两个儿子刚刚八九岁时，李嘉诚就让他俩在召开董事会时，坐在专门设置的小凳子上列席会议。

有一次，李嘉诚主持董事会，商讨公司应拿多少股份的问题。他对大家说："我们公司拿10%的股份是公正的，拿11%也可以，但是我主张只拿9%的股份。"

董事们听后，有的赞成，有的反对，一时间为了这个问题，大家争论不休。这时，李泽钜见了，就站上了椅子说："爸爸，我反对您的意见，我认为应拿11%的股份，能多赚钱啊。"一旁的弟弟李泽楷听了，也急忙说："对！只有傻瓜才拿9%的股份呢！"

父亲和同事们听了，都忍俊不禁地"哈哈"大笑起来。李嘉诚趁机对兄弟俩进行了教育，他对两人说："孩子，这经商之道学问深着呢，不是1+1那么简单，你想拿11%发大财反而发不了，你只拿9%，财源才能滚滚而来。"

李嘉诚是想让孩子们知道，生意场上，除了争夺利益，更重要的是讲信誉，别一心想占人的便宜。往往愿意考虑对方利益的人，才能赢得人心，赢得合作伙伴。

事后的事实也证明，李嘉诚的决策是英明的。公司少拿了一部分利益，却赢得了人脉和商机，给公司带来了财源茂盛、生意兴隆。

（2）多吃些苦，知道人世艰辛

在教育问题上，李嘉诚一直提倡让孩子多吃点苦，了解外面的世界，知道人世的艰辛。他觉得温室里长大的幼苗，是不能茁壮成长、经历风雨的。

一有时间，他就带着两个儿子一起坐汽车、坐巴士，到路边报摊上，看一个卖报的小姑娘，一边卖报一边做功课的苦学情景。

十几岁时，孩子们就开始在国外独自生活了。两兄弟在斯坦福读书期间，父亲只提供基本的生活费用。虽说作为亿万富翁，他完全可以派专人陪同儿子念书，花一笔钱让他们过得舒舒服服的，但是他并没有这么做。

就这样，为了挣零花钱，次子李泽楷利用课余时间，做起了兼职。他做过杂工，做过侍应生，在麦当劳卖过汉堡，还当过球童。

有一段时间，每逢星期天，李泽楷就到高尔夫球场做球童，他背着皮袋跑来跑去，用劳动换取一份低廉的收入。有一次，李泽楷在背高尔夫球棒时，弄伤了肩胛骨，这个伤患至今还会时常发作。

李嘉诚去看望儿子时，发现李泽楷在勤工俭学。回港后，李嘉诚高兴地对夫人说："泽楷学会了勤工俭学，将来准有出息。"

原来，当时的李泽楷还不满十四岁。到了国外，他发现这儿不论出身富贵还是平民，大家都非常有独立意识，父亲也非常提倡。李泽楷在这种氛围中，很快便习惯了独立生存。

当时，李泽楷所在的学校，不具备住宿条件。他就一个人在离学校仅一街之隔的公寓里，开始了他在美国的独立生活。

（3）反对孩子寄生，凭本事自食其力

后来，李嘉诚的两个儿子，都以优异的成绩，从美国斯坦福大学毕业了。兄弟俩想到父亲的公司里一展宏图，干一番事业，李嘉诚果断地拒绝了他们。

当时，兄弟俩向父亲表明了心意，李嘉诚沉思了片刻后说："我的公司不需要你们！"当场，兄弟俩都愣住了，说："爸爸，别开玩笑了，您那么多公司不能安排我们工作？"

李嘉诚听后，却对兄弟俩说："别说我只有两个儿子，就是有二十个儿子也能安排工作。但是，我想还是你们自己去打江山，让实践证明你们是否能到我的公司来任职。"就这样，李嘉诚再次"无情"地把儿子们推向了社会，让他们去经历风雨，见世面。

随后，兄弟俩离开父亲去了加拿大。大哥搞地产开发，弟弟去投资银行。李嘉诚在香港，常常打电话问一问兄弟俩，有没有什么困难，他可以帮忙解决。他俩却总是说："谢谢爸爸关心，困难是有的，我们自己可以解决。"

其实，李嘉诚只是随便问问，并不想真帮他俩解决什么困难。兄弟俩也清楚父亲的为人，知道真求父亲帮忙，他也不肯帮助。父亲的"冷酷"似乎不近人情，但这份用心良苦，兄弟俩都明白。

兄弟俩在加拿大期间，克服了许多难以想象的困难，把公司和银行办得有声有色，成了加拿大商界出类拔萃的人物。

两年后，李嘉诚把兄弟俩召回了香港。他高兴地说："你们干得很好，可以到我的公司任职了。"当李嘉诚欣慰地看到两个儿子迅速成长、业绩出色时，他也心安理得地宣布退休了。他用独特的教育方式，一路牵引着，终于把两个儿子都变成了独立、自立的精英。